世界第一簡單 統計學 迴歸分析篇

高橋 信◎著　陳昭蓉◎譯
前國立台灣師範大學數學系教授兼主任 洪萬生◎審訂
Trend Pro◎製作　井上Iroha◎作畫

●作者序●

本書解說的主題是迴歸分析、複迴歸分析和Logistic迴歸分析。

迴歸分析和複迴歸分析是「預測數值」的分析方法，例如：

●從「最高氣溫」預測「冰紅茶的銷售量」。

●從「店面面積」和「與車站的距離」預測「新設分店的單月銷售量」。

Logistic迴歸分析是「預測機率」的分析方法，例如：

●從「吸菸量」和「飲酒量」預測「罹患癌症的機率」。

本書設定的讀者包括下列幾種：

●讀完相當於「上集」的《世界第一簡單 統計學》或有同等知識的人。

●需要「預測數值」或「預測機率」的人。

坦白說，本書的數學難度高於《世界第一簡單 統計學》。

本書內容爲：

●第1章 基本知識

●第2章 迴歸分析

●第3章 複迴歸分析

●第4章 Logistic迴歸分析

每一章都包含兩個部分：

●漫畫

●漫畫的補充說明

首先我們從第1章開始說明。因爲在第2章之後必須用到這些知識，第1章主要先解說讀者在高中應該已經學過的微分和矩陣。大家不必擔心「如果不懂第1章的內容就看不懂第2章」。放鬆心情，只要掌握「對數好像是這種意思」、「我想起來了，微分是這麼計算」這類感覺，就會漸漸將過去學習的記憶找回來。不過，數學基礎不足的讀者情況不同，如果你覺得微分和矩陣「已經離我太遙遠了，什麼也想不起來」、「以前唸社會組，連學都沒學過，更別說要回想」，就得下點工夫了解第一章大致的內容，否則第二章之後學習起來也會很辛苦。

本書詳述計算過程，擅長數學的讀者可以仔細閱讀，不擅長數學的讀者只要大致瀏覽一下就行了。換句話說，只要掌握「大致過程」，「雖然不懂那是什麼意思，計算過程也很複雜，總之只要經過這些步驟就能求出解答」即可，不必勉強自己馬上理解所有算式。不要急，慢慢來。可是，即使計算過程難以理解，請大家還是務必要瀏覽一下。

書上有些數值經過四捨五入，可能會與讀者自己計算的數值有一點差異，這點請大家多多包涵。

感謝Ohmsha公司開發局給我執筆的機會、Trend Pro公司盡全力將我的手稿化爲漫畫；同時也感謝負責詳細計算過程的re_akino，以及負責作畫的井上Iroha。最後謝謝立教大學社會學系酒折文武老師給我的許多建議。在此致上誠摯的謝意。

高橋　信

目　錄

◆前言◆

歡迎光臨

眞是好吃！

這家店的紅茶和蛋糕！

那麼……
請慢用。

麗莎學姊看
起來好像和
他很熟……

怎麼？
美羽，吃醋啦？

才……才不是
這樣哩！
我懂、我懂

妳看

老是看很難的
數學書……
真是個用功的
讀書人……
拜託！
我們好歹也是唸
「經濟系」的吧？

所以啦，何不請他教妳呢？
學姊是高材生，我可完全比不上……

看起來真不錯～
真可愛～
啊！
這……這怎麼可能，我連他的名字都不知道！
所以才要製造機會啊……
可是～
而且他又不常來
叮咚

兩位嗎？請挑選喜歡的座位！

歡迎光臨！
歡迎光臨諾諾咖啡！
歡迎光臨！

哎呀！
今天又見到他了……

NORNS
謝謝您，歡迎再來～～

啊！那傢伙把書
忘在這兒了！
什麼
故意掉了
書嗎？

小鹿亂撞
我看我看……
給我看！

妳看
心跳加速

什麼……
完全理解
迴歸分析
迴歸分析……？

這是一種統
計學的分析
方法喔。
眞不好意
思，我還是
不懂……

美羽，妳每天
都會看氣象預
報吧？
嗯，是有
看啊……？

今天最高氣溫
31℃

31℃

舉例來說，假設店裡記錄每天的「**最高氣溫**」和「**冰紅茶的銷售量**」，

今天的紀錄

	🌡	🥤
8/22	29	77
8/23	28	62
8/24	34	93
8/25	31	84
8/26	25	59
8/27	29	64
8/28	32	80
8/29	31	

正正正正
正正正

冰紅茶

冰紅茶

迴歸 ➡ 分析

今天最高氣溫
27℃

眼睛一亮

今天能賣 65 杯冰紅茶

靠著「**迴歸分析**」，就能從最高氣溫預測冰紅茶的銷售量！

舉例來說，某家連鎖店的老闆手邊有下列數據：
・和同業競爭對手的距離
・半徑500公尺內的住宅數目
・宣傳費用

	和同業競爭對手的距離（m）	半徑 500 公尺內的住宅數目（戶）	宣傳費用（萬日圓）	銷售金額（萬日圓）
A	○○○	○○○	○○○	○○○
B	△△△	△△△	△△△	△△△
C	□□□	□□□	□□□	□□□
	⋮	⋮	⋮	⋮

老闆
這是俺的店

那……我就先保
管這本書……

嗯……
那個……

請教我迴歸分析！!

拜託學姊！
啊？

…

好！
沒問題！
眞的嗎？

妳應該也想當面
把書還給他吧？
啊！？嗯？這……
不過，還是得把書
放在櫃檯……
我會處理
好的！
什麼？
拍
眞的沒
問題嗎？
妳放心♪
加油……
還有，
記得把話說
出來！
心裡一驚
是！
遵命！

◆第1章◆

基本知識

✿ 1. 符號的規定 ✿

呼
老闆回家了，
今天到此為止！
麗莎學姊，趕
快教我吧！
什麼！?
現在？
こく
真是的……妳
啊！在他面前這
麼積極熱情就好
了！
啊？說得也
是喔……
抱歉，
我太直接了。

好吧！開始吧！不過一開始就學迴歸分析可能太難，今天先從基本知識開始吧！
謝謝學姊
先來看看數學的符號和規定！
本日特選
菜單布告板……

沙沙
美羽，等一下記得擦乾淨！
遵命！

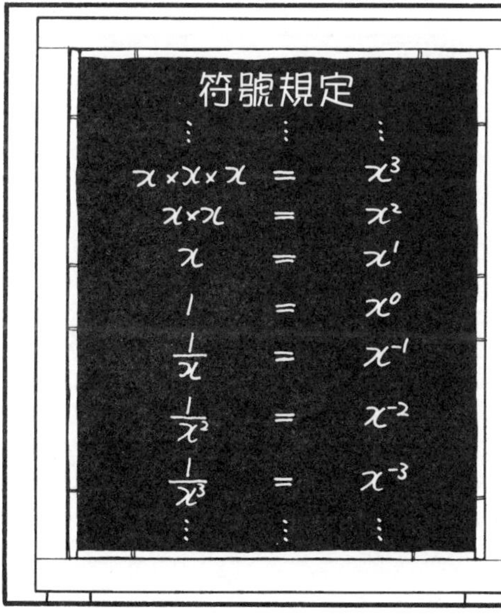
符號規定
$x \times x \times x = x^3$
$x \times x = x^2$
$x = x^1$
$1 = x^0$
$\frac{1}{x} = x^{-1}$
$\frac{1}{x^2} = x^{-2}$
$\frac{1}{x^3} = x^{-3}$

這些是「規定」，所以不要存疑，記住「這是規定」就好。
遵命！

✿ 2. 反函數 ✿

y=2x+1
接下來以一次函數
y=2x+1爲例，
說明「**反函數**」。

當x爲0，
y等於多少？
y=2x+1
=2×0+1
=0+1
=1
等於1。

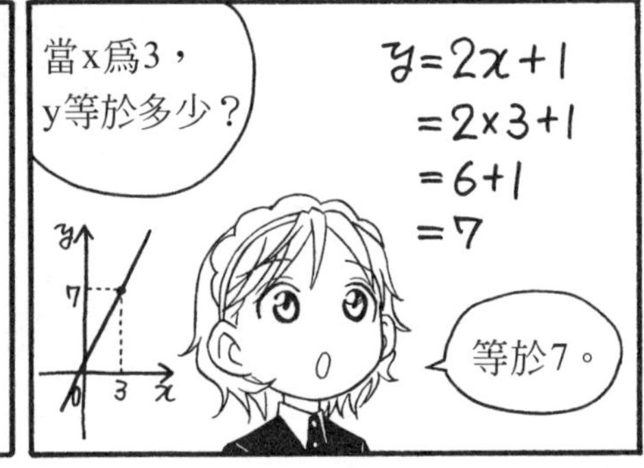
當x爲3，
y等於多少？
y=2x+1
=2×3+1
=6+1
=7
等於7。

這看起來
理所當然，
當x等於「某個值」，
y自然也會等於某個值，
對嗎？
沒錯

換句話說，
x爲「主」，
y爲「從」。
我口渴了！
請喝果汁。
2的3次方？
等於8。
主
從

老爺和僕人的關係會顛倒過來……
就像「報答僕人日」！
8是2的？
3次方

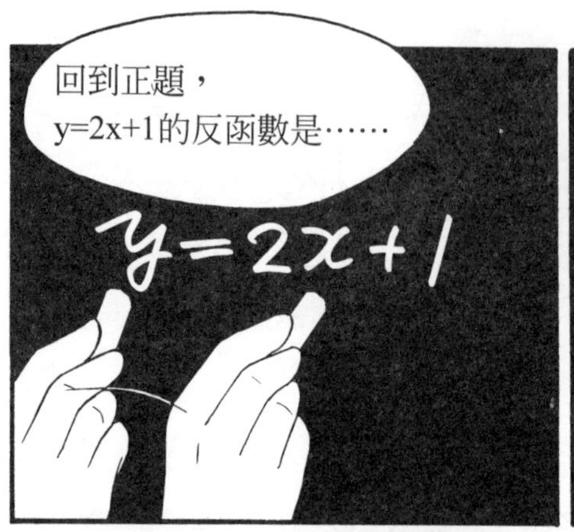
回到正題，
y=2x+1的反函數是……
y=2x+1

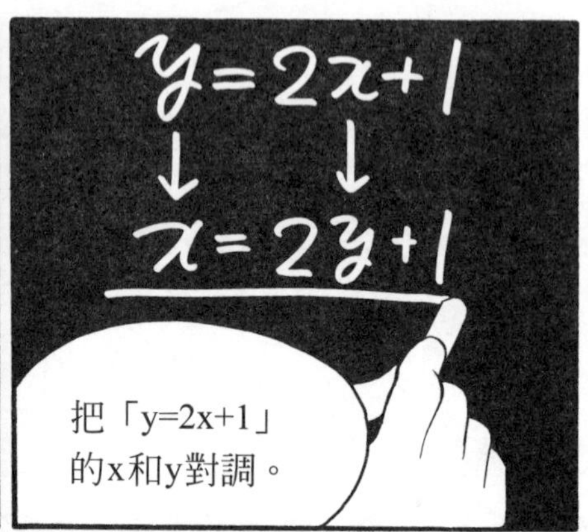
y=2x+1
x=2y+1
把「y=2x+1」
的x和y對調。

不過這種
寫法……
很難懂……

x=2y+1
移項
2y=x−1
y=1/2x−1/2
通常會這樣
化簡。
眞的是「報答
僕人日」！

接著，再以圖說
明反函數……
紙巾？

美羽，
拿筆來！
y=2x+1
x=2y+1
2y=x-1
好！

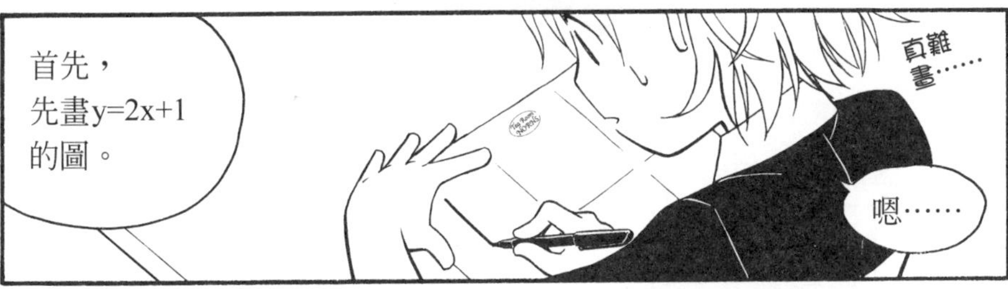
首先，
先畫y=2x+1
的圖。
真難畫……
嗯……

畫好了。
開始「報答僕人日」了！

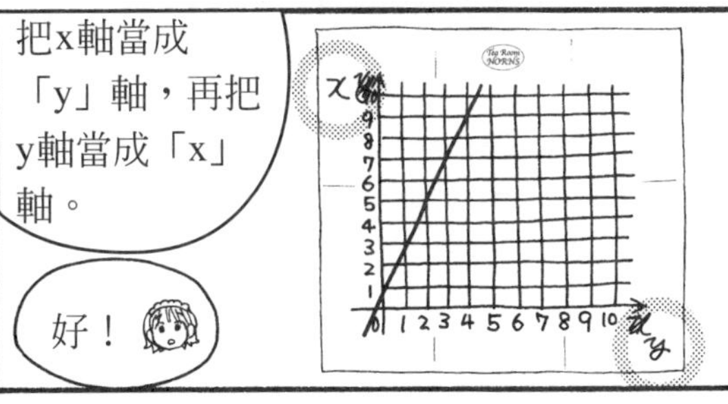
把x軸當成「y」軸，再把y軸當成「x」軸。
好！

結束了。
咦？
辛苦了
y=2x+1
x=2y+1
2y=x-1
什麼？

把過去習慣的圖，換個方向看。
……

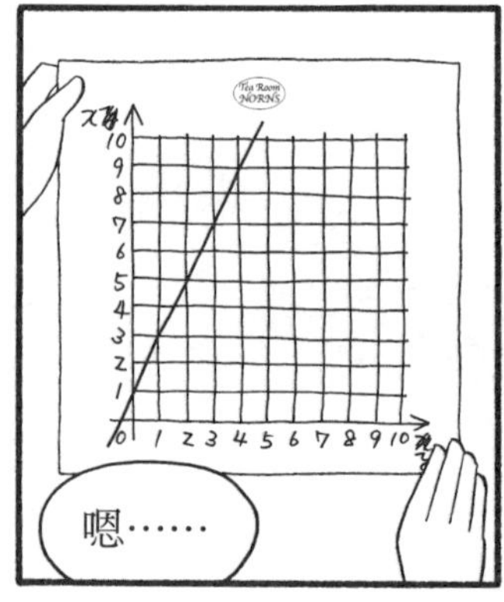
嗯……

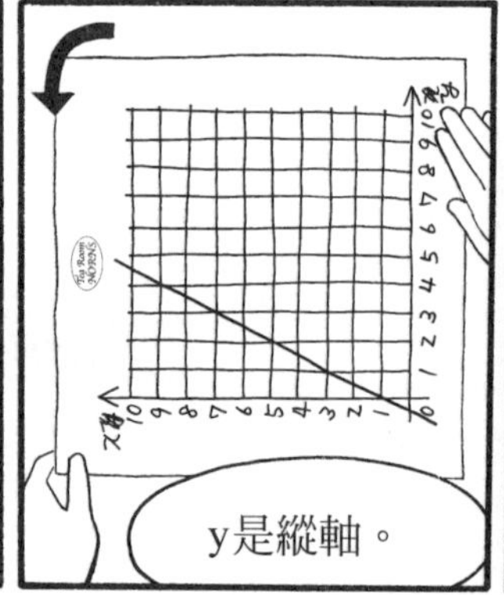
y是縱軸。

x軸的方向，左右相反了？
所以要翻過來……

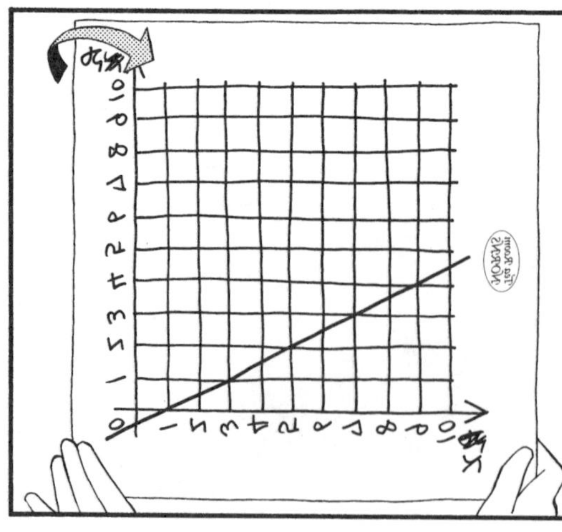

答對了～
眞的耶！
$y=\frac{1}{2}x-\frac{1}{2}$的圖！

3 指數函數和自然對數函數

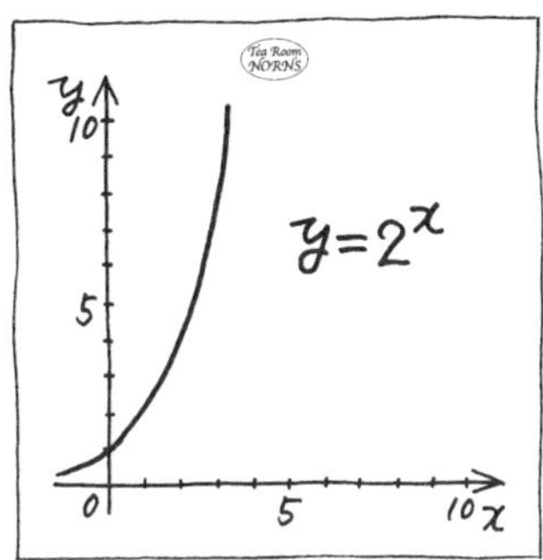

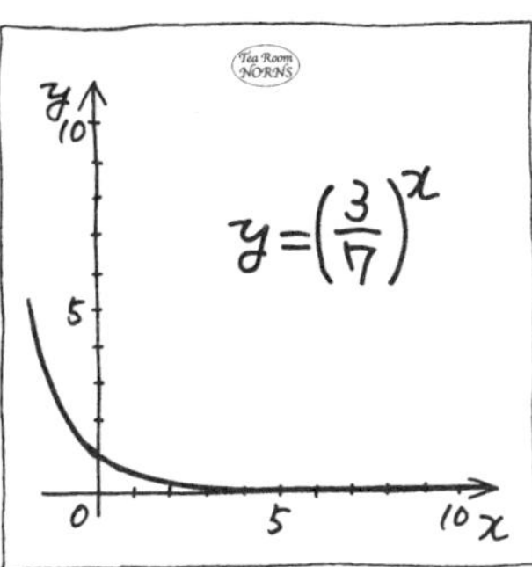

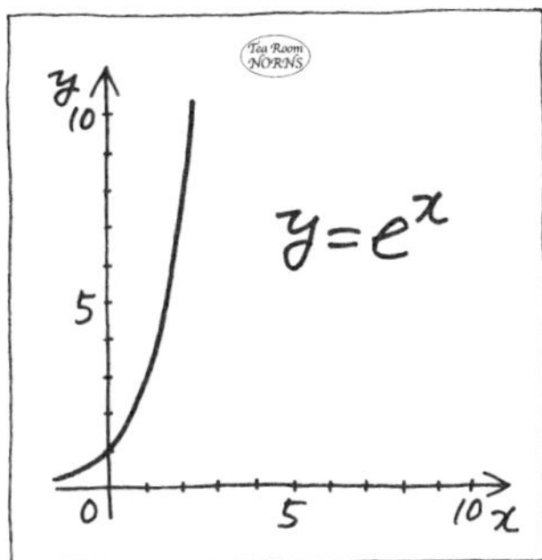

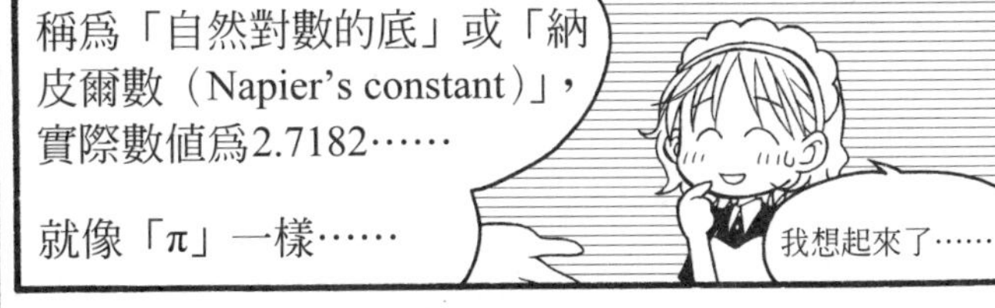

$x=2^y$

$x=\left(\frac{3}{7}\right)^y$

$x=e^y$

$x=e^y$ 是 $y=e^x$ 的反函數，稱爲「自然對數函數」。

是！

特徵1　$(e^a)^b$ 和 $e^{a\times b}$ 相等！

爲了簡單說明，我們以 $\begin{cases} a=3 \\ b=5 \end{cases}$ 爲例，確定 $(e^3)^5$ 和 $e^{3\times 5}$ 相等。

計算看看

$$(e^3)^5 = \underbrace{e^3 \times \cdots \times e^3}_{5} = \underbrace{(e \times e \times e) \times \cdots \times (e \times e \times e)}_{5} = \underbrace{e \times \cdots \times e}_{15} = \underbrace{e \times \cdots \times e}_{3\times 5} = e^{3\times 5}$$

特徵2　$\dfrac{e^a}{e^b}$ 和 e^{a-b} 相等！

爲了簡單說明，我們以 $\begin{cases} a=3 \\ b=5 \end{cases}$ 爲例，確定 $\dfrac{e^3}{e^5}$ 和 e^{3-5} 相等。

計算看看

$$\frac{e^3}{e^5} = \frac{e \times e \times e}{e \times e \times e \times e \times e} = \frac{\cancel{e} \times \cancel{e} \times \cancel{e}}{e \times e \times \cancel{e} \times \cancel{e} \times \cancel{e}} = \frac{1}{e^2} = e^{-2} = e^{3-5}$$

特徵3　　a 和 $\log(e^a)$ 相等！

爲了簡單說明，我們以 $a=3$ 爲例，確定3 和 $\log(e^3)$ 相等。

計算看看

如第20頁所說，$y=\log x$ 和 $x=e^y$ 代表同樣的意思，所以把 $\log(e^3)$ 當成L，簡單表示成 $L=\log(e^3)$，又 $L=\log(e^3)$ 和 $e^3=e^L$ 代表同樣的意思。所以 $e^3=e^L$可以改寫成下列等式：

$$e^3 = e^L$$
$$3 = L$$

因爲 $L=\log(e^3)$，所以 $3=\log(e^3)$ 會成立。

特徵4　$\log(a^b)$ 和 $b\times(\log a)$相等！

爲簡單說明，以 $\begin{cases} a=3 \\ b=5 \end{cases}$ 爲例，確定 $\log(3^5)$ 和 $5\times(\log 3)$ 相等。

計算看看

假設 $L=\log 3$，$L=\log 3$ 和 $3=e^L$ 代表同樣的意思。因此 $3=e^L$ 可以改寫成下列等式：

$$3 = e^L$$
$$3^5 = (e^L)^5$$ 兩邊各自乘以五次方
$$3^5 = e^{L\times 5}$$ 根據特徵1
$$3^5 = e^{5\times L}$$
$$\log(3^5) = \log(e^{5\times L})$$
$$\log(3^5) = 5\times L$$ 根據特徵3

因爲 $L=\log 3$，所以 $\log(3^5)=5\times(\log 3)$ 會成立。

特徵5　$\log a+\log b$和 $\log(a\times b)$ 相等！

爲了簡單說明，我們以$\begin{cases}a=3\\b=5\end{cases}$爲例，確定 $\log 3+\log 5$ 和 $\log(3\times 5)$ 相等。

計算看看

假設 $\begin{cases}L=\log 3\\M=\log 5\\N=\log(3\times 5)\end{cases}$，代表 $\begin{cases}L=\log 3\\M=\log 5\\N=\log(3\times 5)\end{cases}$ 等同於 $\begin{cases}3=e^L\\5=e^M\\3\times 5=e^N\end{cases}$

因此等式 $e^L\times e^M=3\times 5$ 可以改寫成下列等式：

$$e^L\times e^M=\underbrace{e\times\cdots\times e}_{L}\times\underbrace{e\times\cdots\times e}_{M}=\underbrace{e\times\cdots\times e}_{L+M}=e^{L+M}=3\times 5$$

所以 $e^{L+M}=3\times 5=e^N$ 會成立，也就是：

$$L+M=N$$
$$\log 3+\log 5=\log(3\times 5)$$

會成立。

整理剛才提到的特徵：

特徵1	$(e^a)^b$ 和 $e^{a\times b}$ 相等。
特徵2	$\frac{e^a}{e^b}$ 和 e^{a-b} 相等。
特徵3	a 和 $\log(e^a)$ 相等。
特徵4	$\log(a^b)$ 和 $b\times(\log a)$ 相等。
特徵5	$\log a+\log b$ 和 $\log(a\times b)$ 相等。

這些特徵不僅適用於 e 的情況，也適用於2或$\frac{3}{7}$之類的數字。

5. 微分
接下來我要
介紹微分！
微
分
慘了！這是
我最頭疼的
項目……
喂喂！

別擔心！振作一點！
只是計算比較麻煩，
其實並不難。
我會詳細說明，你要
加油！！
站起來！
好！
喀嗟

盯

156公分
對，正確數
字是 155.7
公分……
厲害
嗶

155.7公分……
155.7
喀
喀

美羽的「年齡」和「身高」

年齡	身高
4	100.1
5	107.2
6	114.1
7	121.7
8	126.8
9	130.9
10	137.5
11	143.2
12	149.4
13	151.6
14	154.0
15	154.6
16	155.0
17	155.1
18	155.3
19	155.7

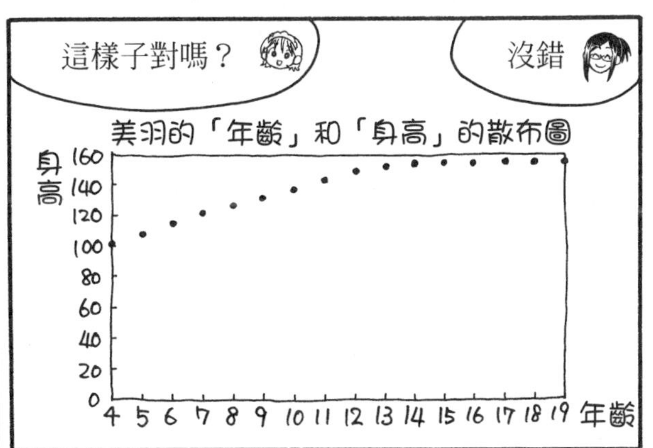

注意看6歲到
7歲的時候
114.1
cm
121.7
cm
6歲
7歲

美羽又長高了！
嗯！
6 歲到 7 歲，
一年之間長高了：
121.7−114.1=7.6
公分。

回到正題，略過細
節，美羽4歲到19歲
的「年 齡」和「身
高」大致上……
$y=-\frac{326.6}{x}+173.3$
身高
年齡
……符合這種關係。

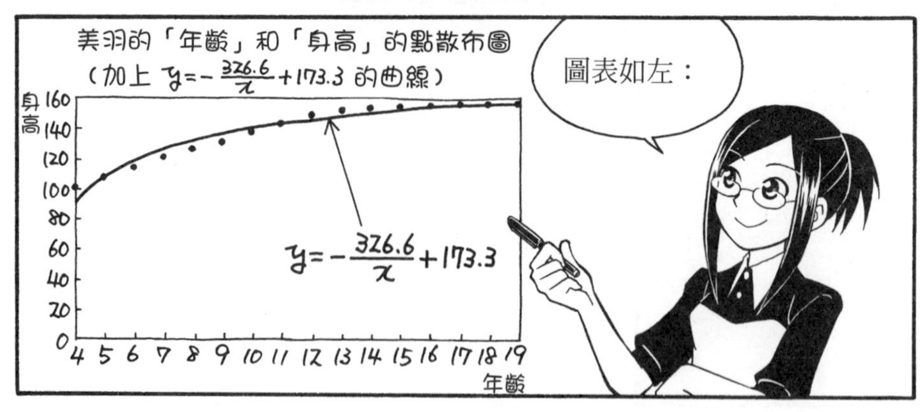
美羽的「年齡」和「身高」的點散布圖
（加上 $y=-\frac{326.6}{x}+173.3$ 的曲線）
身高
160
140
120
100
80
60
40
20
0
4 5 6 7 8 9 10 11 12 13 14 15 16 17 18 19
年齡
$y=-\frac{326.6}{x}+173.3$
圖表如左：

這……這個
$y=-\frac{326.6}{x}+173.3$
是什麼意思？
看起來很難
呵呵

這是以「迴歸分析」求得的「**迴歸式**」！
爲了避免造成混亂，下次我再說明「迴歸式」。

好
嗯……
總之，我暫時先當成自己的年齡和身高符合 $y=-\frac{326.6}{x}+173.3$ 這個關係式。
謝謝

那麼，「7歲」可以改寫成「(6＋1)歲」吧？
沒錯

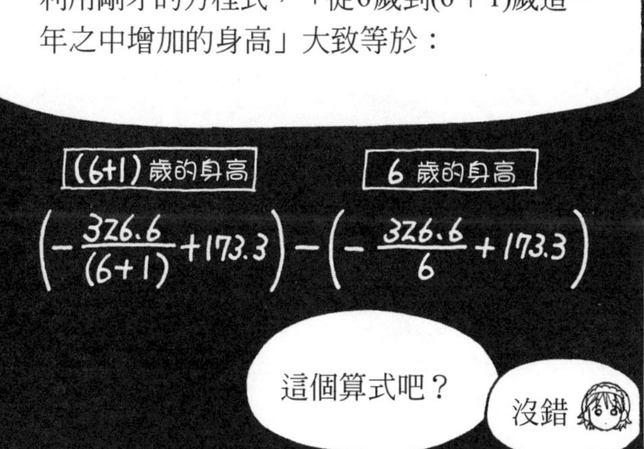
利用剛才的方程式，「從6歲到(6＋1)歲這一年之中增加的身高」大致等於：
(6+1)歲的身高
6歲的身高
$\left(-\frac{326.6}{(6+1)}+173.3\right)-\left(-\frac{326.6}{6}+173.3\right)$
這個算式吧？
沒錯

換句話說，「從6歲到(6＋1)歲，每一年增加的身高」如右：
$$\frac{\left(-\frac{326.6}{(6+1)}+173.3\right)-\left(-\frac{326.6}{6}+173.3\right)}{1}$$ cm/年
因爲是1年，所以除以1。

再想想半年內增加的身高……
6歲
6歲半
7歲
「6歲半」可以改寫成什麼？
(6＋0.5)歲嗎？
正確答案！

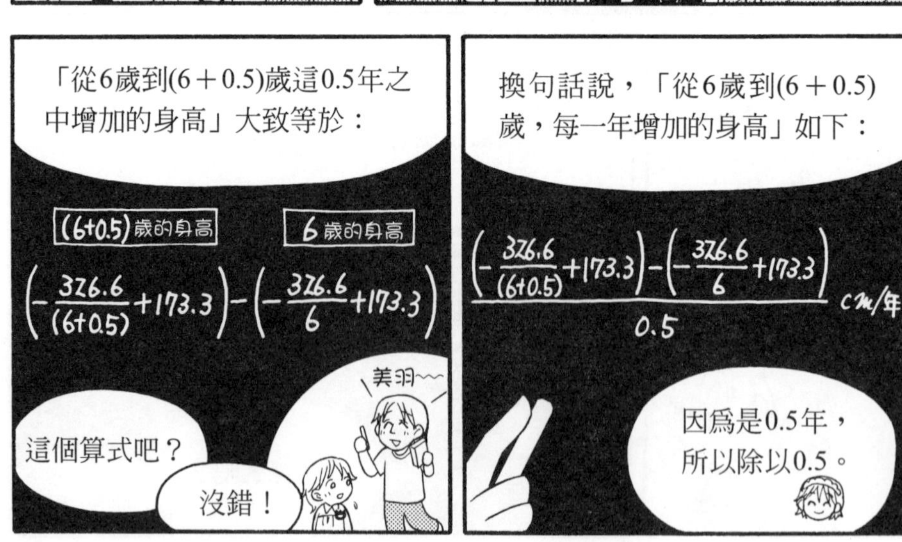
「從6歲到(6＋0.5)歲這0.5年之中增加的身高」大致等於：
(6+0.5)歲的身高
6歲的身高
$$\left(-\frac{326.6}{(6+0.5)}+173.3\right)-\left(-\frac{326.6}{6}+173.3\right)$$
這個算式吧？
沒錯！
美羽~~
換句話說，「從6歲到(6＋0.5)歲，每一年增加的身高」如下：
$$\frac{\left(-\frac{326.6}{(6+0.5)}+173.3\right)-\left(-\frac{326.6}{6}+173.3\right)}{0.5}$$ cm/年
因爲是0.5年，所以除以0.5。

最後……
想想看在「非常短的時間內」增加的身高……

「非常短的時間內」……
美羽
爸……

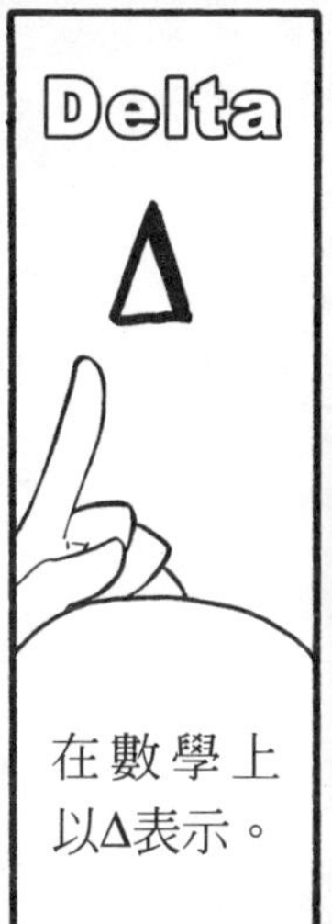
Delta
Δ
在數學上以Δ表示。

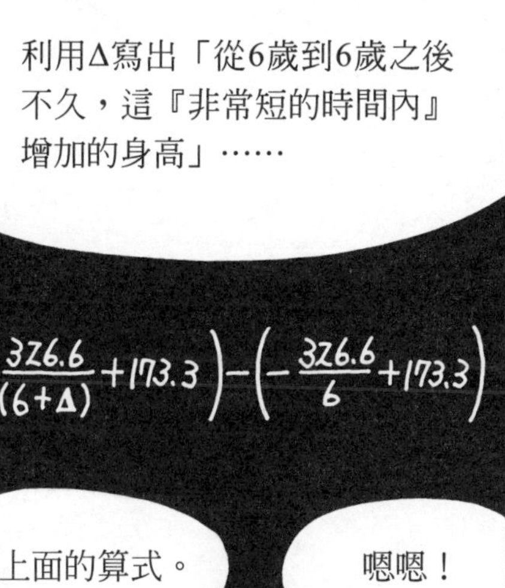
利用Δ寫出「從6歲到6歲之後不久，這『非常短的時間內』增加的身高」……
$\left(-\frac{326.6}{(6+\Delta)}+173.3\right)-\left(-\frac{326.6}{6}+173.3\right)$
如上面的算式。
嗯嗯！

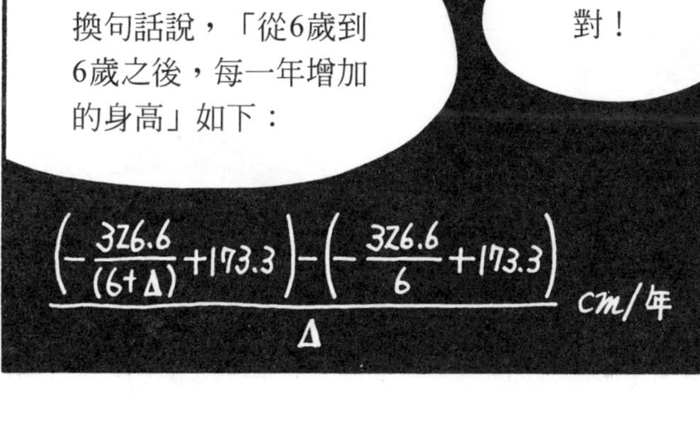
換句話說，「從6歲到6歲之後，每一年增加的身高」如下：
對！
$\frac{\left(-\frac{326.6}{(6+\Delta)}+173.3\right)-\left(-\frac{326.6}{6}+173.3\right)}{\Delta}$ cm/年

迅速化簡這道算式！

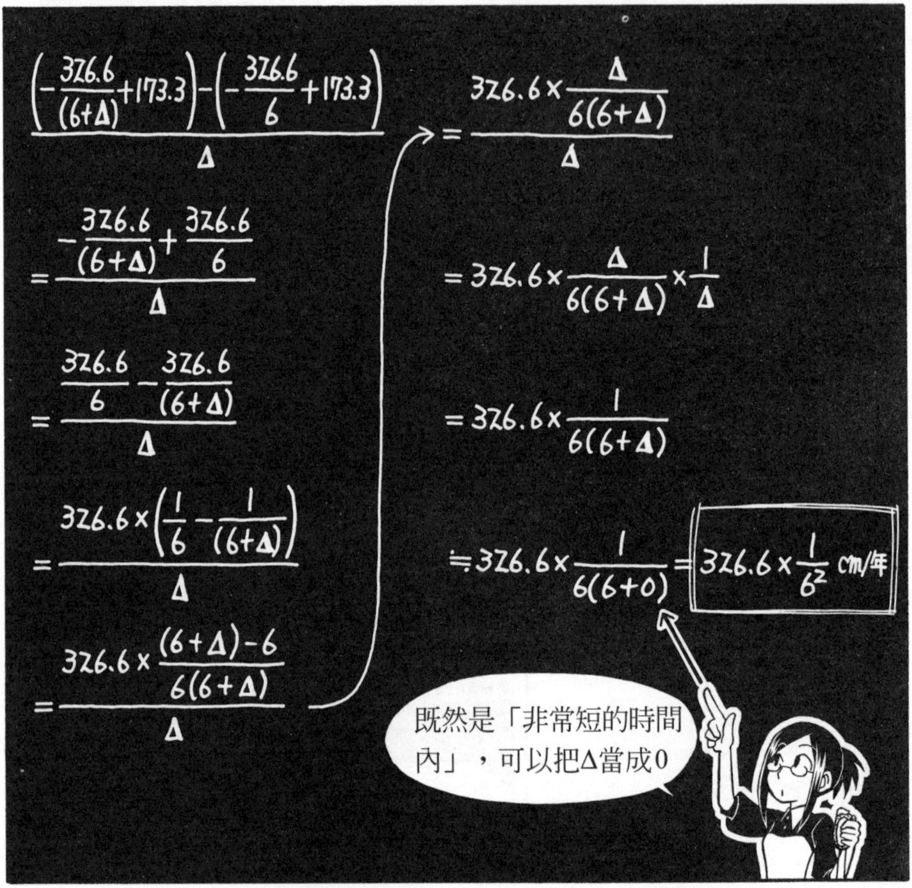

$$\frac{\left(-\frac{326.6}{(6+\Delta)}+173.3\right)-\left(-\frac{326.6}{6}+173.3\right)}{\Delta}$$

$$=\frac{-\frac{326.6}{(6+\Delta)}+\frac{326.6}{6}}{\Delta}$$

$$=\frac{\frac{326.6}{6}-\frac{326.6}{(6+\Delta)}}{\Delta}$$

$$=\frac{326.6\times\left(\frac{1}{6}-\frac{1}{(6+\Delta)}\right)}{\Delta}$$

$$=\frac{326.6\times\frac{(6+\Delta)-6}{6(6+\Delta)}}{\Delta}$$

$$=\frac{326.6\times\frac{\Delta}{6(6+\Delta)}}{\Delta}$$

$$=326.6\times\frac{\Delta}{6(6+\Delta)}\times\frac{1}{\Delta}$$

$$=326.6\times\frac{1}{6(6+\Delta)}$$

$$\fallingdotseq 326.6\times\frac{1}{6(6+0)}=\boxed{326.6\times\frac{1}{6^2}\ \text{cm/年}}$$

既然是「非常短的時間內」，可以把Δ當成0

接下來就由你自己來
挑戰看看了。

請以算式表示「從x歲到x歲之後
每一年增加的身高」！
嗯……

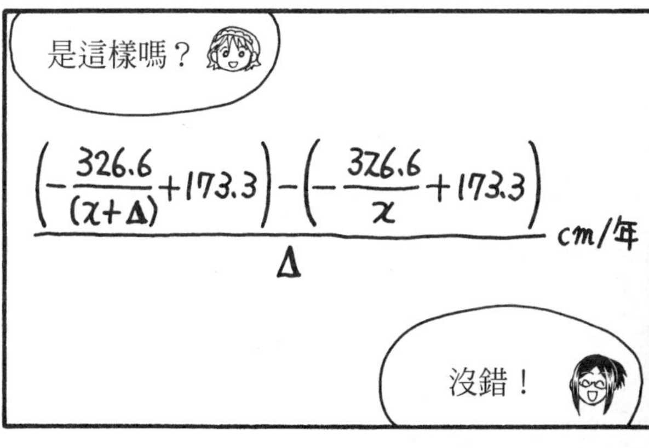
是這樣嗎？
$\frac{\left(-\frac{326.6}{(x+\Delta)}+173.3\right)-\left(-\frac{326.6}{x}+173.3\right)}{\Delta}$ cm/年
沒錯！

接著把算式
化簡看看！
好！

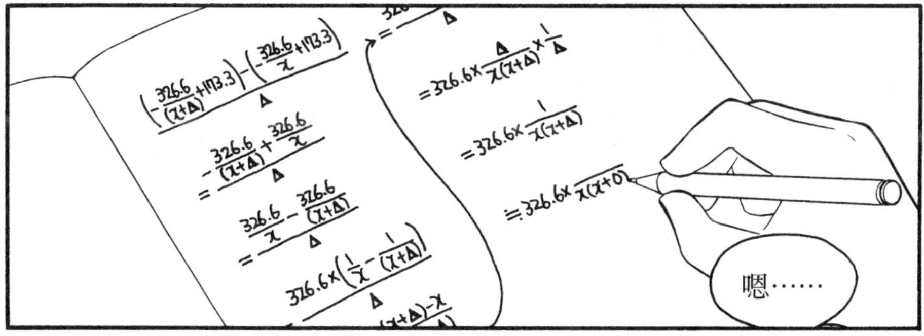
嗯……

等於 $326.6\times\frac{1}{x^2}$ ！
正確答案！

美羽剛才做的……
從「$y=-\frac{326.6}{x}+173.3$ 求出 $326.6\times\frac{1}{x^2}$」的過程，稱爲「**把 $y=-\frac{326.6}{x}+173.3$ 對 x 微分**」。

原來如此——

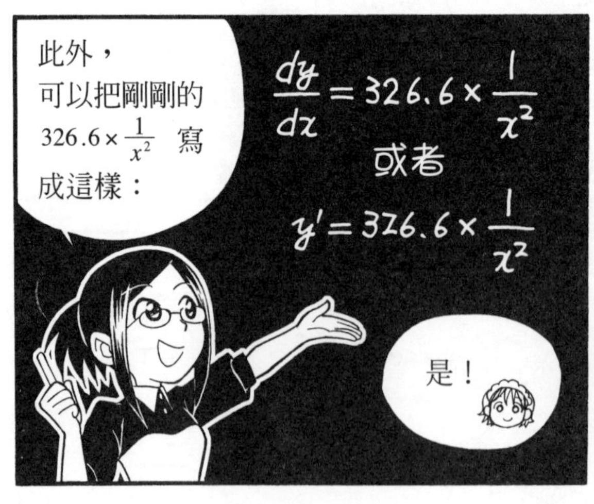
此外，可以把剛剛的 $326.6\times\frac{1}{x^2}$ 寫成這樣：
$\frac{dy}{dx}=326.6\times\frac{1}{x^2}$
或者
$y'=326.6\times\frac{1}{x^2}$
是！

現在就用 $y=-\frac{326.6}{x}+173.3$ 以外的例子來練習微分，習慣微分的過程。
好！我會加油！

把 $y=x$ 對 x 微分！

$$\frac{(x+\Delta)-x}{\Delta}=\frac{\Delta}{\Delta}=1$$，所以 $\frac{dy}{dx}=1$ 。

把 $y=x^2$ 對 x 微分！

$$\frac{(x+\Delta)^2-x^2}{\Delta}=\frac{\{(x+\Delta)+x\}\{(x+\Delta)-x\}}{\Delta}=\frac{(2x+\Delta)\Delta}{\Delta}$$

$$=2x+\Delta \fallingdotseq 2x+0=2x$$ 所以 $\frac{dy}{dx}=2x$ 。

把 $y=\frac{1}{x}$ 對 x 微分！

$$\frac{\frac{1}{x+\Delta}-\frac{1}{x}}{\Delta}=\frac{\frac{x-(x+\Delta)}{(x+\Delta)x}}{\Delta}=\frac{\frac{-\Delta}{(x+\Delta)x}}{\Delta}=\frac{-\Delta}{(x+\Delta)x}\times\frac{1}{\Delta}=\frac{-1}{(x+\Delta)x}$$

$$\fallingdotseq\frac{-1}{(x+0)x}=\frac{-1}{x^2}=-x^{-2}$$

所以 $\frac{dy}{dx}=-x^{-2}$ 。

把 $y=\frac{1}{x^2}$ 對 x 微分！

$$\frac{\frac{1}{(x+\Delta)^2}-\frac{1}{x^2}}{\Delta}$$

$$=\frac{\left(\frac{1}{x+\Delta}\right)^2-\left(\frac{1}{x}\right)^2}{\Delta}$$

$$=\frac{\left(\frac{1}{x+\Delta}+\frac{1}{x}\right)\left(\frac{1}{x+\Delta}-\frac{1}{x}\right)}{\Delta}$$

$$=\frac{\frac{x+(x+\Delta)}{(x+\Delta)x}\times\frac{x-(x+\Delta)}{(x+\Delta)x}}{\Delta}$$

$$=\frac{\frac{2x+\Delta}{(x+\Delta)x}\times\frac{-\Delta}{(x+\Delta)x}}{\Delta}$$

$$=\frac{2x+\Delta}{(x+\Delta)x}\times\frac{-\Delta}{(x+\Delta)x}\times\frac{1}{\Delta}$$

$$=\frac{-(2x+\Delta)}{\{(x+\Delta)x\}^2}$$

$$\frac{-(2x+0)}{\{(x+0)x\}^2}$$

$$=\frac{-2x}{x^4}$$

$$=\frac{-2}{x^3}$$

$$=-2x^{-3}$$

所以 $\frac{dy}{dx}=-2x^{-3}$ 。

從剛才的例子可以看出，把 $y=x^n$ 對 x 微分，$\frac{dy}{dx}=nx^{n-1}$。

把 $y=(5x-7)^2$ 對 x 微分！

$$\frac{\{5(x+\Delta)-7\}^2-(5x-7)^2}{\Delta}$$

$$=\frac{[\{5(x+\Delta)-7\}+(5x-7)][\{5(x+\Delta)-7\}-(5x-7)]}{\Delta}$$

$$=\frac{[2(5x-7)+5\Delta]\times 5\Delta}{\Delta}$$

$$=[2(5x-7)+5\Delta]\times 5$$

$$\fallingdotseq [2(5x-7)+5\times 0]\times 5$$

$$=2(5x-7)\times 5$$

所以 $\frac{dy}{dx}=2(5x-7)\times 5$ 。

把 $y=(ax+b)^n$ 對 x 微分，$\frac{dy}{dx}=n(ax+b)^{n-1}\times a$ 。

計算過程繁複，在此省略細節，還有其他類似的規則……

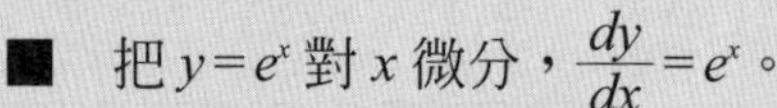

■ 把 $y=e^x$ 對 x 微分，$\frac{dy}{dx}=e^x$。

■ 把 $y=\log x$ 對 x 微分，$\frac{dy}{dx}=\frac{1}{x}$。

■ 把 $y=\log(ax+b)$ 對 x 微分，$\frac{dy}{dx}=\frac{1}{ax+b}\times a$。

■ 把 $y=\log(1+e^{ax+b})$ 對 x 微分，

$\frac{dy}{dx}=\frac{1}{1+e^{ax+b}}\times ae^{ax+b}$。

✿ 6. 矩陣 ✿

唰～
矩陣
最後介紹
矩陣！！

……

好像數字的公寓
大樓……
妳看到矩陣也
頭疼啊……

我會依序說明：
・矩陣的符號規定
・矩陣的加法
・矩陣的乘法
・反矩陣
加油！
好！

先看矩陣的符號規定，

例如：$\begin{cases} x_1 + 2x_2 = -1 \\ 3x_1 + 4x_2 = \ \ 5 \end{cases}$ 寫成 $\begin{pmatrix} 1 & 2 \\ 3 & 4 \end{pmatrix}\begin{pmatrix} x_1 \\ x_2 \end{pmatrix} = \begin{pmatrix} -1 \\ 5 \end{pmatrix}$，

$\begin{cases} x_1 + 2x_2 \\ 3x_1 + 4x_2 \end{cases}$ 寫成 $\begin{pmatrix} 1 & 2 \\ 3 & 4 \end{pmatrix}\begin{pmatrix} x_1 \\ x_2 \end{pmatrix}$。

範例

$$\begin{cases} k_1 + 2k_2 + 3k_3 = -3 \\ 4k_1 + 5k_2 + 6k_3 = 8 \\ 7k_1 + 8k_2 + 9k_3 = 6 \\ 10k_1 + 11k_2 + 12k_3 = 2 \\ 13k_1 + 14k_2 + 15k_3 = 7 \end{cases} \text{ 寫成 } \begin{pmatrix} 1 & 2 & 3 \\ 4 & 5 & 6 \\ 7 & 8 & 9 \\ 10 & 11 & 12 \\ 13 & 14 & 15 \end{pmatrix}\begin{pmatrix} k_1 \\ k_2 \\ k_3 \end{pmatrix} = \begin{pmatrix} -3 \\ 8 \\ 6 \\ 2 \\ 7 \end{pmatrix}$$

$$\begin{cases} k_1 + 2k_2 + 3k_3 \\ 4k_1 + 5k_2 + 6k_3 \\ 7k_1 + 8k_2 + 9k_3 \\ 10k_1 + 11k_2 + 12k_3 \\ 13k_1 + 14k_2 + 15k_3 \end{cases} \text{ 寫成 } \begin{pmatrix} 1 & 2 & 3 \\ 4 & 5 & 6 \\ 7 & 8 & 9 \\ 10 & 11 & 12 \\ 13 & 14 & 15 \end{pmatrix}\begin{pmatrix} k_1 \\ k_2 \\ k_3 \end{pmatrix}$$

總結

- $\begin{cases} a_{11}x_1 + a_{12}x_2 + \cdots + a_{1q}x_q = b_1 \\ a_{21}x_2 + a_{22}x_2 + \cdots + a_{2q}x_q = b_2 \\ \cdots\cdots\cdots\cdots\cdots\cdots \\ a_{p1}x_1 + a_{p2}x_2 + \cdots + a_{pq}x_q = b_p \end{cases}$ 寫成 $\begin{pmatrix} a_{11} & a_{12} & \cdots & a_{1q} \\ a_{21} & a_{22} & \cdots & a_{2q} \\ \vdots & \vdots & \ddots & \vdots \\ a_{p1} & a_{p2} & \cdots & a_{pq} \end{pmatrix}\begin{pmatrix} x_1 \\ x_2 \\ \vdots \\ x_q \end{pmatrix} = \begin{pmatrix} b_1 \\ b_2 \\ \vdots \\ b_p \end{pmatrix}$
- $\begin{cases} a_{11}x_1 + a_{12}x_2 + \cdots + a_{1q}x_q \\ a_{21}x_1 + a_{22}x_2 + \cdots + a_{2q}x_q \\ \cdots\cdots\cdots\cdots\cdots\cdots \\ a_{p1}x_1 + a_{p2}x_2 + \cdots + a_{pq}x_q \end{cases}$ 寫成 $\begin{pmatrix} a_{11} & a_{12} & \cdots & a_{1q} \\ a_{21} & a_{22} & \cdots & a_{2q} \\ \vdots & \vdots & \ddots & \vdots \\ a_{p1} & a_{p2} & \cdots & a_{pq} \end{pmatrix}\begin{pmatrix} x_1 \\ x_2 \\ \vdots \\ x_q \end{pmatrix}$

再看矩陣的加法，

例如：$\begin{pmatrix}1&2\\3&4\end{pmatrix}$ 和 $\begin{pmatrix}4&5\\-2&4\end{pmatrix}$ 相加，

$$\begin{pmatrix}1&2\\3&4\end{pmatrix}+\begin{pmatrix}4&5\\-2&4\end{pmatrix}$$

可以這麼計算 $\begin{pmatrix}1+4&2+5\\3+(-2)&4+4\end{pmatrix}$ 。

範例1

$$\begin{pmatrix}5&1\\6&-9\end{pmatrix}+\begin{pmatrix}-1&3\\-3&10\end{pmatrix}$$

等於 $\begin{pmatrix}5&1\\6&-9\end{pmatrix}+\begin{pmatrix}-1&3\\-3&10\end{pmatrix}=\begin{pmatrix}5+(-1)&1+3\\6+(-3)&(-9)+10\end{pmatrix}=\begin{pmatrix}4&4\\3&1\end{pmatrix}$

範例2

$$\begin{pmatrix}1&2&3\\4&5&6\\7&8&9\\10&11&12\\13&14&15\end{pmatrix}+\begin{pmatrix}7&2&3\\-1&7&-4\\-7&-3&10\\8&2&-1\\7&1&-9\end{pmatrix}$$

等於 $\begin{pmatrix}1&2&3\\4&5&6\\7&8&9\\10&11&12\\13&14&15\end{pmatrix}+\begin{pmatrix}7&2&3\\-1&7&-4\\-7&-3&10\\8&2&-1\\7&1&-9\end{pmatrix}=\begin{pmatrix}1+7&2+2&3+3\\4+(-1)&5+7&6+(-4)\\7+(-7)&8+(-3)&9+10\\10+8&11+2&12+(-1)\\13+7&14+1&15+(-9)\end{pmatrix}=\begin{pmatrix}8&4&6\\3&12&2\\0&5&19\\18&13&11\\20&15&6\end{pmatrix}$

總結

$$\begin{pmatrix} a_{11} & a_{12} & \cdots & a_{1q} \\ a_{21} & a_{22} & \cdots & a_{2q} \\ \vdots & \vdots & \ddots & \vdots \\ a_{p1} & a_{p2} & \cdots & a_{pq} \end{pmatrix} \text{和} \begin{pmatrix} b_{11} & b_{12} & \cdots & b_{1q} \\ b_{21} & b_{22} & \cdots & b_{2q} \\ \vdots & \vdots & \ddots & \vdots \\ b_{p1} & b_{p2} & \cdots & b_{pq} \end{pmatrix} \text{相加，}$$

$$\text{即：} \begin{pmatrix} a_{11} & a_{12} & \cdots & a_{1q} \\ a_{21} & a_{22} & \cdots & a_{2q} \\ \vdots & \vdots & \ddots & \vdots \\ a_{p1} & a_{p2} & \cdots & a_{pq} \end{pmatrix} + \begin{pmatrix} b_{11} & b_{12} & \cdots & b_{1q} \\ b_{21} & b_{22} & \cdots & b_{2q} \\ \vdots & \vdots & \ddots & \vdots \\ b_{p1} & b_{p2} & \cdots & b_{pq} \end{pmatrix}$$

$$\text{可以這麼計算} \begin{pmatrix} a_{11}+b_{11} & a_{12}+b_{12} & \cdots & a_{1q}+b_{1q} \\ a_{21}+b_{21} & a_{22}+b_{22} & \cdots & a_{2q}+b_{2q} \\ \vdots & \vdots & \ddots & \vdots \\ a_{p1}+b_{p1} & a_{p2}+b_{p2} & \cdots & a_{pq}+b_{pq} \end{pmatrix} \text{。}$$

再看矩陣的乘法，

例如：$\begin{pmatrix} 1 & 2 \\ 3 & 4 \end{pmatrix}$ 和 $\begin{pmatrix} x_1 & y_1 \\ x_2 & y_2 \end{pmatrix}$ 相乘，也就是

$$\begin{pmatrix} 1 & 2 \\ 3 & 4 \end{pmatrix}\begin{pmatrix} x_1 & y_1 \\ x_2 & y_2 \end{pmatrix}$$

與其說是「乘法」，其實只是同時表示 $\begin{pmatrix} 1 & 2 \\ 3 & 4 \end{pmatrix}\begin{pmatrix} x_1 \\ x_2 \end{pmatrix}$

和 $\begin{pmatrix} 1 & 2 \\ 3 & 4 \end{pmatrix}\begin{pmatrix} y_1 \\ y_2 \end{pmatrix}$，也就是 $\begin{cases} x_1 + 2x_2 \\ 3x_1 + 4x_2 \end{cases}$ 和 $\begin{cases} y_1 + 2y_2 \\ 3y_1 + 4y_2 \end{cases}$ 。

範例1

$\begin{pmatrix} 1 & 2 \\ 3 & 4 \end{pmatrix}\begin{pmatrix} 4 & 5 \\ -2 & 4 \end{pmatrix}$ 相當於

$$\cdot \begin{pmatrix} 1 & 2 \\ 3 & 4 \end{pmatrix}\begin{pmatrix} 4 \\ -2 \end{pmatrix} = \begin{pmatrix} 1 \times 4 + 2 \times (-2) \\ 3 \times 4 + 4 \times (-2) \end{pmatrix} = \begin{pmatrix} 0 \\ 4 \end{pmatrix}$$

$$\cdot \begin{pmatrix} 1 & 2 \\ 3 & 4 \end{pmatrix}\begin{pmatrix} 5 \\ 4 \end{pmatrix} = \begin{pmatrix} 1 \times 5 + 2 \times 4 \\ 3 \times 5 + 4 \times 4 \end{pmatrix} = \begin{pmatrix} 13 \\ 31 \end{pmatrix}$$

所以 $\begin{pmatrix} 1 & 2 \\ 3 & 4 \end{pmatrix}\begin{pmatrix} 4 & 5 \\ -2 & 4 \end{pmatrix} = \begin{pmatrix} 0 & 13 \\ 4 & 31 \end{pmatrix}$

範例2

$\begin{pmatrix} 1 & 2 & 3 \\ 4 & 5 & 6 \\ 7 & 8 & 9 \\ 10 & 11 & 12 \\ 13 & 14 & 15 \end{pmatrix}\begin{pmatrix} k_1 & l_1 & m_1 & n_1 \\ k_2 & l_2 & m_2 & n_2 \\ k_3 & l_3 & m_3 & n_3 \end{pmatrix}$ 相當於

$$\cdot \begin{pmatrix} 1 & 2 & 3 \\ 4 & 5 & 6 \\ 7 & 8 & 9 \\ 10 & 11 & 12 \\ 13 & 14 & 15 \end{pmatrix} \begin{pmatrix} k_1 \\ k_2 \\ k_3 \end{pmatrix} = \begin{pmatrix} k_1 + 2k_2 + 3k_3 \\ 4k_1 + 5k_2 + 6k_3 \\ 7k_1 + 8k_2 + 9k_3 \\ 10k_1 + 11k_2 + 12k_3 \\ 13k_1 + 14k_2 + 15k_3 \end{pmatrix}$$

$$\cdot \begin{pmatrix} 1 & 2 & 3 \\ 4 & 5 & 6 \\ 7 & 8 & 9 \\ 10 & 11 & 12 \\ 13 & 14 & 15 \end{pmatrix} \begin{pmatrix} l_1 \\ l_2 \\ l_3 \end{pmatrix} = \begin{pmatrix} l_1 + 2l_2 + 3l_3 \\ 4l_1 + 5l_2 + 6l_3 \\ 7l_1 + 8l_2 + 9l_3 \\ 10l_1 + 11l_2 + 12l_3 \\ 13l_1 + 14l_2 + 15l_3 \end{pmatrix}$$

$$\cdot \begin{pmatrix} 1 & 2 & 3 \\ 4 & 5 & 6 \\ 7 & 8 & 9 \\ 10 & 11 & 12 \\ 13 & 14 & 15 \end{pmatrix} \begin{pmatrix} m_1 \\ m_2 \\ m_3 \end{pmatrix} = \begin{pmatrix} m_1 + 2m_2 + 3m_3 \\ 4m_1 + 5m_2 + 6m_3 \\ 7m_1 + 8m_2 + 9m_3 \\ 10m_1 + 11m_2 + 12m_3 \\ 13m_1 + 14m_2 + 15m_3 \end{pmatrix}$$

$$\cdot \begin{pmatrix} 1 & 2 & 3 \\ 4 & 5 & 6 \\ 7 & 8 & 9 \\ 10 & 11 & 12 \\ 13 & 14 & 15 \end{pmatrix} \begin{pmatrix} n_1 \\ n_2 \\ n_3 \end{pmatrix} = \begin{pmatrix} n_1 + 2n_2 + 3n_3 \\ 4n_1 + 5n_2 + 6n_3 \\ 7n_1 + 8n_2 + 9n_3 \\ 10n_1 + 11n_2 + 12n_3 \\ 13n_1 + 14n_2 + 15n_3 \end{pmatrix}$$

所以答案爲：

$$\begin{pmatrix} k_1 + 2k_2 + 3k_3 & l_1 + 2l_2 + 3l_3 & m_1 + 2m_2 + 3m_3 & n_1 + 2n_2 + 3n_3 \\ 4k_1 + 5k_2 + 6k_3 & 4l_1 + 5l_2 + 6l_3 & 4m_1 + 5m_2 + 6m_3 & 4n_1 + 5n_2 + 6n_3 \\ 7k_1 + 8k_2 + 9k_3 & 7l_1 + 8l_2 + 9l_3 & 7m_1 + 8m_2 + 9m_3 & 7n_1 + 8n_2 + 9n_3 \\ 10k_1 + 11k_2 + 12k_3 & 10l_1 + 11l_2 + 12l_3 & 10m_1 + 11m_2 + 12m_3 & 10n_1 + 11n_2 + 12n_3 \\ 13k_1 + 14k_2 + 15k_3 & 13l_1 + 14l_2 + 15l_3 & 13m_1 + 14m_2 + 15m_3 & 13n_1 + 14n_2 + 15n_3 \end{pmatrix}$$

總結

$$\begin{pmatrix} a_{11} & a_{12} & \cdots & a_{1q} \\ a_{21} & a_{22} & \cdots & a_{2q} \\ \vdots & \vdots & \ddots & \vdots \\ a_{p1} & a_{p2} & \cdots & a_{pq} \end{pmatrix} \text{和} \begin{pmatrix} x_{11} & x_{12} & \cdots & x_{1r} \\ x_{21} & x_{22} & \cdots & x_{2r} \\ \vdots & \vdots & \ddots & \vdots \\ x_{q1} & x_{q2} & \cdots & x_{qr} \end{pmatrix}$$

相乘，也就是：

$$\begin{pmatrix} a_{11} & a_{12} & \cdots & a_{1q} \\ a_{21} & a_{22} & \cdots & a_{2q} \\ \vdots & \vdots & \ddots & \vdots \\ a_{p1} & a_{p2} & \cdots & a_{pq} \end{pmatrix}\begin{pmatrix} x_{11} & x_{12} & \cdots & x_{1r} \\ x_{21} & x_{22} & \cdots & x_{2r} \\ \vdots & \vdots & \ddots & \vdots \\ x_{q1} & x_{q2} & \cdots & x_{qr} \end{pmatrix}$$

與其說是「乘法」，其實只是同時表示

$$\begin{pmatrix} a_{11} & a_{12} & \cdots & a_{1q} \\ a_{21} & a_{22} & \cdots & a_{2q} \\ \vdots & \vdots & \ddots & \vdots \\ a_{p1} & a_{p2} & \cdots & a_{pq} \end{pmatrix}\begin{pmatrix} x_{11} \\ x_{21} \\ \vdots \\ x_{q1} \end{pmatrix} \text{和} \begin{pmatrix} a_{11} & a_{12} & \cdots & a_{1q} \\ a_{21} & a_{22} & \cdots & a_{2q} \\ \vdots & \vdots & \ddots & \vdots \\ a_{p1} & a_{p2} & \cdots & a_{pq} \end{pmatrix}\begin{pmatrix} x_{12} \\ x_{22} \\ \vdots \\ x_{q2} \end{pmatrix}$$

$$\text{和……和} \begin{pmatrix} a_{11} & a_{12} & \cdots & a_{1q} \\ a_{21} & a_{22} & \cdots & a_{2q} \\ \vdots & \vdots & \ddots & \vdots \\ a_{p1} & a_{p2} & \cdots & a_{pq} \end{pmatrix}\begin{pmatrix} x_{1r} \\ x_{2r} \\ \vdots \\ x_{qr} \end{pmatrix},$$

$$\text{也就是} \begin{cases} a_{11}x_{11} + a_{12}x_{21} + \cdots + a_{1q}x_{q1} \\ a_{21}x_{11} + a_{22}x_{21} + \cdots + a_{2q}x_{q1} \\ \cdots\cdots\cdots\cdots\cdots\cdots \\ a_{p1}x_{11} + a_{p2}x_{21} + \cdots + a_{pq}x_{q1} \end{cases} \text{和} \begin{cases} a_{11}x_{12} + a_{12}x_{22} + \cdots + a_{1q}x_{q2} \\ a_{21}x_{12} + a_{22}x_{22} + \cdots + a_{2q}x_{q2} \\ \cdots\cdots\cdots\cdots\cdots\cdots \\ a_{p1}x_{12} + a_{p2}x_{22} + \cdots + a_{pq}x_{q2} \end{cases}$$

$$\text{和……和} \begin{cases} a_{11}x_{1r} + a_{12}x_{2r} + \cdots + a_{1q}x_{qr} \\ a_{21}x_{1r} + a_{22}x_{2r} + \cdots + a_{2q}x_{qr} \\ \cdots\cdots\cdots\cdots\cdots\cdots \\ a_{p1}x_{1r} + a_{p2}x_{2r} + \cdots + a_{pq}x_{qr} \end{cases}\text{。}$$

最後說明反矩陣。例如：$\begin{pmatrix}1 & 2\\3 & 4\end{pmatrix}$ 的反矩陣 $\begin{pmatrix}1 & 2\\3 & 4\end{pmatrix}^{-1}$，代表和 $\begin{pmatrix}1 & 2\\3 & 4\end{pmatrix}$ 相乘等於 $\begin{pmatrix}1 & 0\\0 & 1\end{pmatrix}$ 的矩陣。

範例

因爲 $\begin{pmatrix}1 & 2\\3 & 4\end{pmatrix}\begin{pmatrix}-2 & 1\\1.5 & -0.5\end{pmatrix}=\begin{pmatrix}1\times(-2)+2\times1.5 & 1\times1+2\times(-0.5)\\3\times(-2)+4\times1.5 & 3\times1+4\times(-0.5)\end{pmatrix}=\begin{pmatrix}1 & 0\\0 & 1\end{pmatrix}$

所以 $\begin{pmatrix}-2 & 1\\1.5 & -0.5\end{pmatrix}=\begin{pmatrix}1 & 2\\3 & 4\end{pmatrix}^{-1}$

總結

$\begin{pmatrix}a_{11} & a_{12} & \dots & a_{1p}\\a_{21} & a_{22} & \cdots & a_{2p}\\\vdots & \vdots & \ddots & \vdots\\a_{p1} & a_{p2} & \cdots & a_{pp}\end{pmatrix}$ 的反矩陣 $\begin{pmatrix}a_{11} & a_{12} & \dots & a_{1p}\\a_{21} & a_{22} & \cdots & a_{2p}\\\vdots & \vdots & \ddots & \vdots\\a_{p1} & a_{p2} & \cdots & a_{pp}\end{pmatrix}^{-1}$，代表和

$\begin{pmatrix}a_{11} & a_{12} & \cdots & a_{1p}\\a_{21} & a_{22} & \cdots & a_{2p}\\\vdots & \vdots & \ddots & \vdots\\a_{p1} & a_{p2} & \cdots & a_{pp}\end{pmatrix}$ 相乘，等於 $\begin{pmatrix}1 & 0 & \cdots & 0\\0 & 1 & \cdots & 0\\\vdots & \vdots & \ddots & \vdots\\0 & 0 & \cdots & 1\end{pmatrix}$ 的矩陣。

記得複習喔！下次
就是妳迫不及待想
學的迴歸分析了！
喀
噠

啊！
我來擦！

麗莎學姊……

謝謝學姊的大
恩大德……
喔……

加油吧！

✿ 7. 數值數據和分類數據 ✿

數據大致可以分為「可以測量」的數據和「不可以測量」的數據。「可以測量」的數據稱為**數值數據**，「不可以測量」的數據稱為**分類數據**。

數值數據和分類數據的具體差異如下：

◆表1.1　數值數據和分類數據的具體範例

	每個月的讀書量（本）	年齡（歲）	主要的閱讀場所	性別
A	4	20	捷運	女
B	2	19	家裡	男
C	10	18	咖啡廳	男
D	14	22	圖書館	女
：	：	：	：	：
	數值數據		分類數據	

只要分析者用點心思，數值數據可以變成分類數據，分類數據也可以變成數值數據。

以下是把數值數據轉變成分類數據的例子：

◆表1.2　把數值數據轉變成分類數據的具體範例

	每個月的讀書量（本）	→	每個月的讀書量（本）
A	4		少
B	2		少
C	10		多
D	14		多
E	7		中

變換數據的時候，分析者必須自行判斷「少」、「中」、「多」的分界。

以下是把分類數據轉變成數值數據的例子：

◆表1.3　把分類數據轉變成數值數據的具體範例

	最喜歡的季節
A	春
B	夏
C	秋
D	冬

春	夏	秋	冬
1	0	0	0
0	1	0	0
0	0	1	0
0	0	0	1

針對把分類數據變成數值數據，我想再進一步說明。上面的變換例子，其實通常以下表的方式來表示：

◆表1.4　把分類數據轉變成數值數據的具體範例（3行）

	最喜歡的季節
A	春
B	夏
C	秋
D	冬

春	夏	秋
1	0	0
0	1	0
0	0	1
0	0	0

同理，可以把「星期幾」改成6行；把「月份」改成11行；把「性別」改成1行。此外，表1.4省略了表1.3之中的「冬」，其實不是只能省略「冬」，改爲省略「春」或「夏」或「秋」也沒問題。

故意省略一行的理由如下：

・數學上已經證實，不省略一行，進行複迴歸分析，也求不出解。

・省略一行之後意思還是一樣（※例如：表1.4的「冬」就是「0-0-0」！），即使有那一行也沒有用，所以省略一行才合理。

✿ 8. 離差平方和、變異數、標準差 ✿

美羽和麗莎帶著打工的朋友一起去唱卡拉OK，5人一組，分成兩組競賽，結果如下表：

◆表1.5　歌唱對抗賽的結果

	美羽小組（分）
美羽	48
小優	32
愛子	88
瑪雅	61
瑪莉亞	71
平均	60

	麗莎小組（分）
麗莎	67
明日香	55
娜娜	61
小雪	63
麗花	54
平均	60

把上表改成圖表來表示，如下圖：

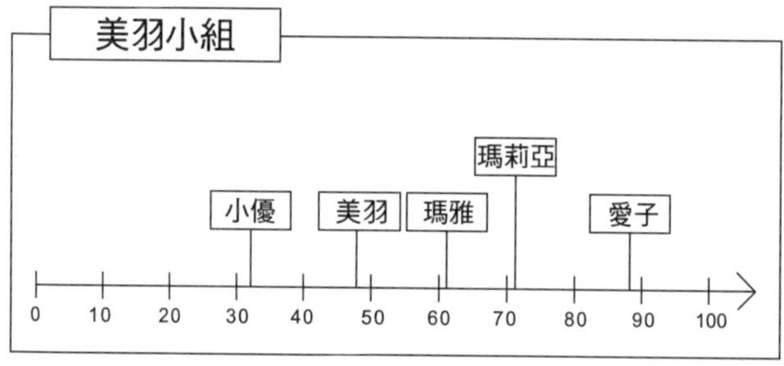

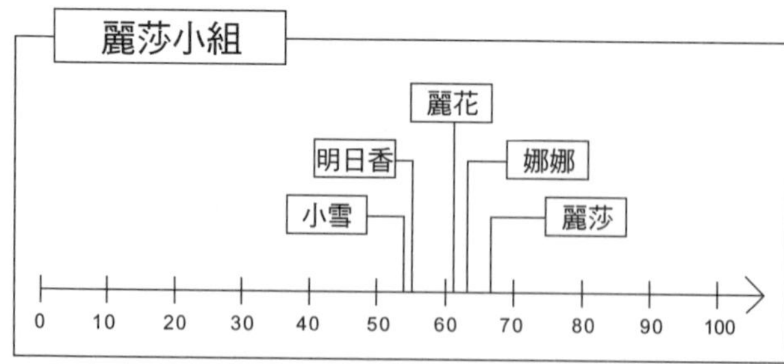

◆圖1.1　歌唱對抗賽的結果

美羽小組和麗莎小組的平均得分都是60分，可是氣氛差很多。美羽小組這邊，每個成員的得分互有高下，數據的「分散程度」比較大。

離差平方和、變異數、標準差就是表示數據「分散程度」的指標。這些指標具有下列特徵：

・最小值都是0。

・數據的「分散程度」越大，指標數值就越大。

離差平方和是經常出現在迴歸分析等分析方法的計算過程。計算方法是：

$$\text{所有}（\text{數據}-\text{平均}）^2\text{的總和}$$

數據個數越多，離差平方和越大，這是致命的缺點，所以實際上不以離差平方和作爲代表「分散程度」的指標。

變異數是解決離差平方和的缺點之後得到的指標，計算方法（注）是：

$$\frac{\text{離差平方和}}{\text{數據個數}}$$

標準差在本質上和變異數一樣，計算方法是：

$$\sqrt{\text{變異數}}$$

接著，計算美羽小組和麗莎小組的離差平方和、變異數、標準差吧。

◆表3.2　美羽小組和麗莎小組的離差平方和、變異數、標準差

	麗莎小組	美羽小組
離差平方和	$(48-60)^2+(32-60)^2+(88-60)^2+(61-60)^2+(71-60)^2$ $=(-12)^2+(-28)^2+28^2+1^2+11^2$ $=1834$	$(67-60)^2+(55-60)^2+(61-60)^2+(63-60)^2+(54-60)^2$ $=7^2+(-5)^2+1^2+3^2+(-6)^2$ $=120$
變異數	$\frac{1834}{5}=366.8$	$\frac{120}{5}=24$
標準差	$\sqrt{366.8}=19.2$	$\sqrt{24}=4.9$

（注）　變異數分母是「數據個數」時稱為母體變異數；分母是「數據個數減1」時，稱為**樣本變異數**。詳細說明太占篇幅，本書省略。後面所提變異數都代表樣本變異數，標準差都代表$\sqrt{\text{樣本變異數}}$。

✿ 9. 機率密度函數 ✿

9.1. 卡方分布

統計學經常談到下列機率密度函數：

$$f(x)=\begin{cases} x>0\text{ 的情況} & \dfrac{1}{2^{\frac{\text{自由度}}{2}}\times\int_0^\infty x^{\frac{\text{自由度}}{2}-1}e^{-x}\,dx}\times x^{\frac{\text{自由度}}{2}-1}\times e^{-\frac{x}{2}} \\ \text{上述情況以外} & 0 \end{cases}$$

如果 x 的機率密度函數如上，在統計學上稱爲「x 符合自由度○○的卡方分布」。

有些讀者可能會對「自由度是什麼？」感到疑惑，這個問題就像是問「一次函數 $f(x)=ax+b$ 的 a 是什麼？」一樣。自由度代表「影響曲線形狀的數」，大家不必想得太難。

■自由度為 2 的情況

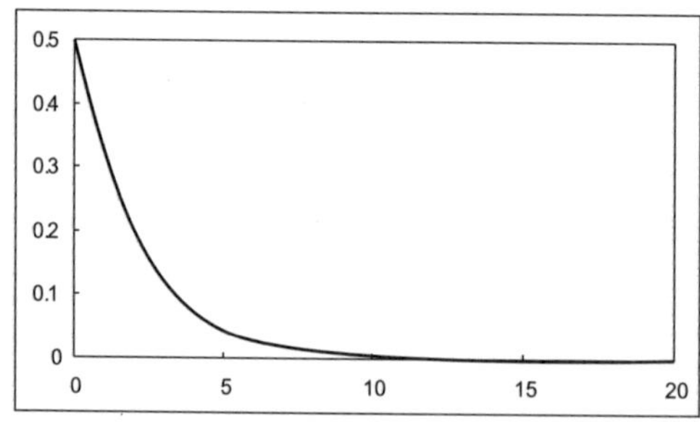

■自由度為 10 的情況

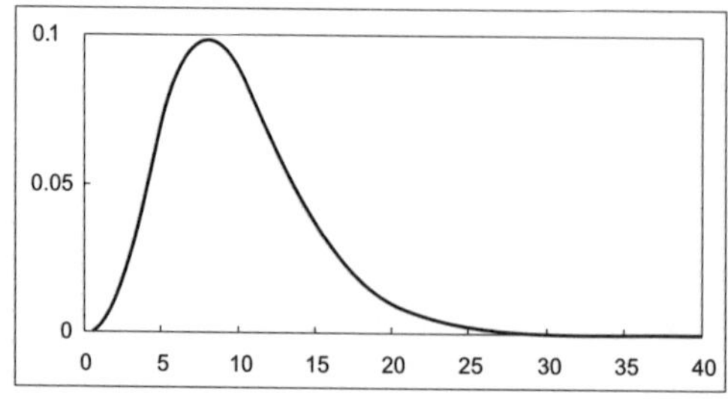

所謂的**卡方分布表**，代表和下圖斜線部分的機率（＝面積）P相對應的橫軸座標。圖中的「χ^2」稱爲「卡方」。

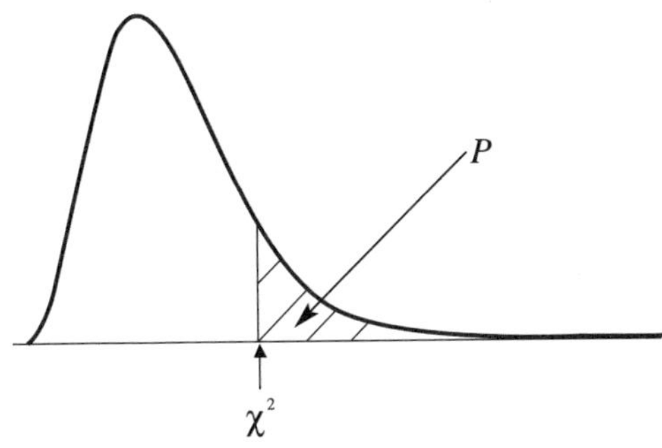

下表列出卡方分布表的其中一部分：

◆表1.7　卡方分布表

自由度 \ P	0.995	0.99	0.975	0.95	0.05	0.025	0.01	0.005
1	0.000039	0.0002	0.0010	0.0039	3.8415	5.0239	6.6349	7.8794
2	0.0100	0.0201	0.0506	0.1026	5.9915	7.3778	9.2104	10.5965
3	0.0717	0.1148	0.2158	0.3518	7.8147	9.3484	11.3449	12.8381
4	0.2070	0.2971	0.4844	0.7107	9.4877	11.1433	13.2767	14.8602
5	0.4118	0.5543	0.8312	1.1455	11.0705	12.8325	15.0863	16.7496
6	0.6757	0.8721	1.2373	1.6354	12.5916	14.4494	16.8119	18.5475
7	0.9893	1.2390	1.6899	2.1673	14.0671	16.0128	18.4753	20.2777
8	1.3444	1.6465	2.1797	2.7326	15.5073	17.5345	20.0902	21.9549
9	1.7349	2.0879	2.7004	3.3251	16.9190	19.0228	21.6660	23.5893
10	2.1558	2.5582	3.2470	3.9403	18.3070	20.4832	23.2093	25.1881
：	：	：	：	：	：	：	：	：

範例

P爲0.05，自由度爲2的情況下，χ^2等於5.9915。

9.2. F分布

統計學經常談到下列機率密度函數：

$$f(x)=\begin{cases} x>0\text{ 的情況} & \dfrac{\left(\int_0^\infty x^{\frac{\text{第1自由度+第2自由度}}{2}-1}e^{-x}dx\right)\times(\text{第1自由度})^{\frac{\text{第1自由度}}{2}}\times(\text{第2自由度})^{\frac{\text{第2自由度}}{2}}}{\left(\int_0^\infty x^{\frac{\text{第1自由度}}{2}-1}e^{-x}dx\right)\times\left(\int_0^\infty x^{\frac{\text{第2自由度}}{2}-1}e^{-x}dx\right)}\times\dfrac{x^{\frac{\text{第1自由度}}{2}-1}}{(\text{第1自由度+第2自由度})^{\frac{\text{第1自由度+第2自由度}}{2}}} \\ \text{上述情況以外} & 0 \end{cases}$$

如果 x 的機率密度函數如上，在統計學上稱爲「x 符合第一自由度○○、第二自由度××的 F 分布」。

■第一自由度為 5、第二自由度為 10 的情況

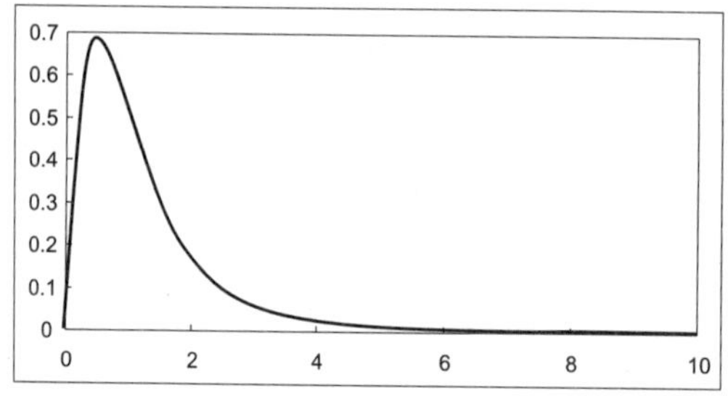

■第一自由度為 10、第二自由度為 5 的情況

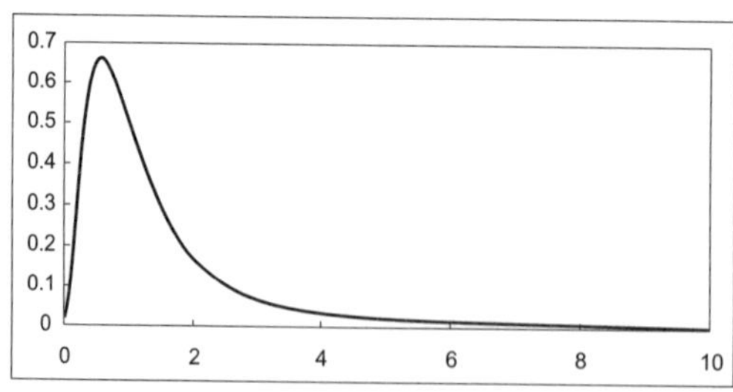

所謂的 F **分布表**，代表和下圖斜線部分的機率（＝面積）P 相對應的橫軸座標。

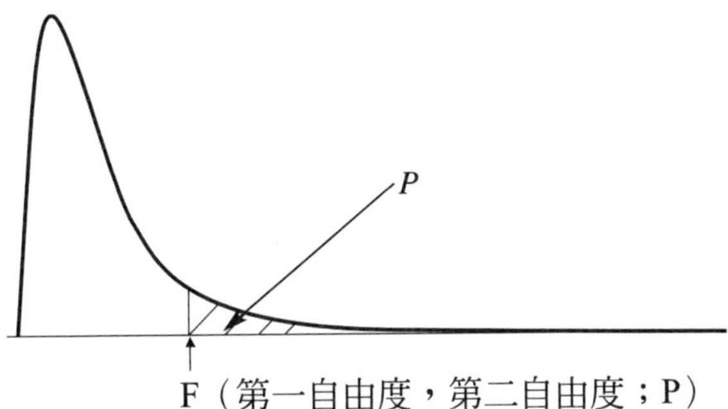

以下列出F分布表的其中一部分：

◆表1.8　*P* 為0.05時的 *F* 分布表

第1自由度 / 第2自由度	1	2	3	4	5	6	7	8	9	10	‥
1	161.4	199.5	215.7	224.6	230.2	234.0	236.8	238.9	240.5	241.9	‥
2	18.5	19.0	19.2	19.2	19.3	19.3	19.4	19.4	19.4	19.4	‥
3	10.1	9.6	9.3	9.1	9.0	8.9	8.9	8.8	8.8	8.8	‥
4	7.7	6.9	6.6	6.4	6.3	6.2	6.1	6.0	6.0	6.0	‥
5	6.6	5.8	5.4	5.2	5.1	5.0	4.9	4.8	4.8	4.7	‥
6	6.0	5.1	4.8	4.5	4.4	4.3	4.2	4.1	4.1	4.1	‥
7	5.6	4.7	4.3	4.1	4.0	3.9	3.8	3.7	3.7	3.6	‥
8	5.3	4.5	4.1	3.8	3.7	3.6	3.5	3.4	3.4	3.3	‥
9	5.1	4.3	3.9	3.6	3.5	3.4	3.3	3.2	3.2	3.1	‥
10	5.0	4.1	3.7	3.5	3.3	3.2	3.1	3.1	3.0	3.0	‥
11	4.8	4.0	3.6	3.4	3.2	3.1	3.0	2.9	2.9	2.9	‥
12	4.7	3.9	3.5	3.3	3.1	3.0	2.9	2.8	2.8	2.8	‥
：	：	：	：	：	：	：	：	：	：	：	：

◆表1.9　*P* 為0.01時的 *F* 分布表

第1自由度 / 第2自由度	1	2	3	4	5	6	7	8	9	10	‥
1	4052.2	4999.3	5403.5	5624.3	5764.0	5859.0	5928.3	5981.0	6022.4	6055.9	‥
2	98.5	99.0	99.2	99.3	99.3	99.3	99.4	99.4	99.4	99.4	‥
3	34.1	30.8	29.5	28.7	28.2	27.9	27.7	27.5	27.3	27.2	‥
4	21.2	18.0	16.7	16.0	15.5	15.2	15.0	14.8	14.7	14.5	‥
5	16.3	13.3	12.1	11.4	11.0	10.7	10.5	10.3	10.2	10.1	‥
6	13.7	10.9	9.8	9.1	8.7	8.5	8.3	8.1	8.0	7.9	‥
7	12.2	9.5	8.5	7.8	7.5	7.2	7.0	6.8	6.7	6.6	‥
8	11.3	8.6	7.6	7.0	6.6	6.4	6.2	6.0	5.9	5.8	‥
9	10.6	8.0	7.0	6.4	6.1	5.8	5.6	5.5	5.4	5.3	‥
10	10.0	7.6	6.6	6.0	5.6	5.4	5.2	5.1	4.9	4.8	‥
11	9.6	7.2	6.2	5.7	5.3	5.1	4.9	4.7	4.6	4.5	‥
12	9.3	6.9	6.0	5.4	5.1	4.8	4.6	4.5	4.4	4.3	‥
：	：	：	：	：	：	：	：	：	：	：	：

範例

P爲0.05，第一自由度爲1、第二自由度爲12的情況下，F（第一自由度，第二自由度；P）也就是F（1，12；0.05），等於4.7。

◆第2章◆

迴歸分析

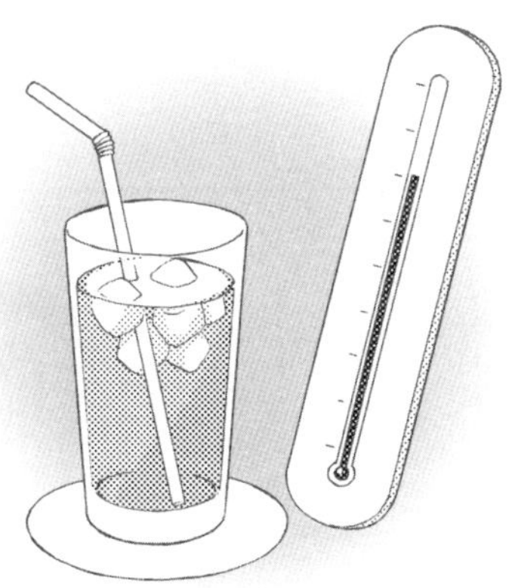

✿ 1. 何謂迴歸分析 ✿
呃……所謂迴歸分析……
就是這種方法吧？
對！
小羽懂得眞多！
呆
美羽！
OPOT！
妳還好吧？

死盯著別人約會，
你腦袋瓜裡在想什麼？
老實說吧！
對對……
對不起……

他們看起來好像
一起在唸書……
好甜蜜……
眞羨慕……

給我振作點！這不也是
妳的目標嗎！？
火大
火大火
對不起！！

碰
來吧！

今天終於要講解妳
期待很久的「迴歸
分析」了！
麻煩學姊了！
垂頭喪氣

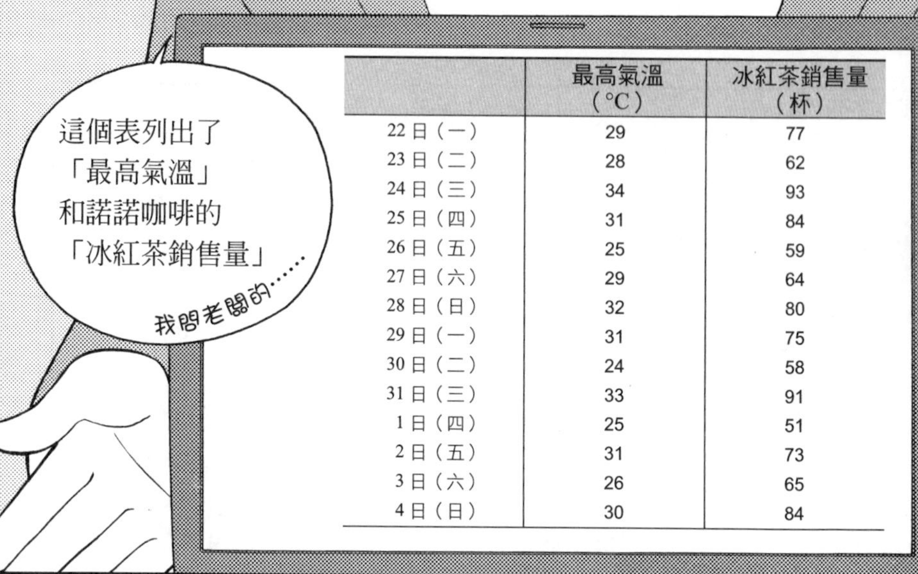

	最高氣溫（°C）	冰紅茶銷售量（杯）
22 日（一）	29	77
23 日（二）	28	62
24 日（三）	34	93
25 日（四）	31	84
26 日（五）	25	59
27 日（六）	29	64
28 日（日）	32	80
29 日（一）	31	75
30 日（二）	24	58
31 日（三）	33	91
1 日（四）	25	51
2 日（五）	31	73
3 日（六）	26	65
4 日（日）	30	84

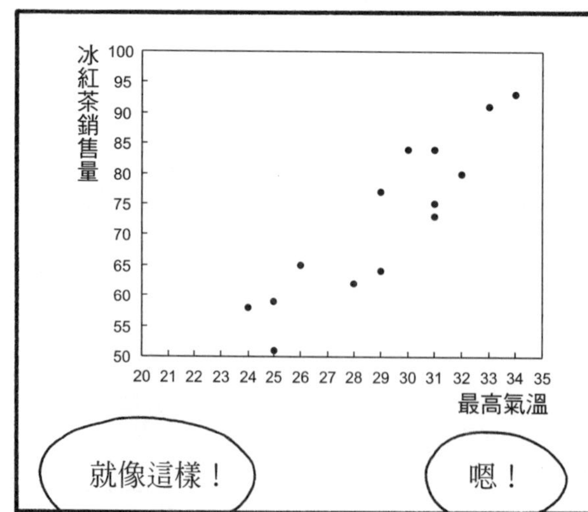

省略計算過程，「最高氣溫」和「冰紅茶銷售量」的單相關係數等於0.9069，

單相關係數=0.9069

兩個變數的關係越密切，單相關係數值就越靠近±1，所以「最高氣溫」和「冰紅茶銷售量」關係密切。

總而言之～
天氣越熱，
銷量越好～
原來如此～

不過，這是理所當
然的吧……
天氣越熱，
冰紅茶銷量
當然越好……

沒錯，這種情況
下，**只**求單相關
係數，並沒有什
麼意義。
啊？
「只」？

這時候，就
該迴歸分析
上場了！

上次我已經提
到，利用迴歸
分析……
可以從最高氣溫預
測冰紅茶銷售量！
今天最高氣溫31°C
31°C
冰紅茶
冰紅茶
迴歸分析
眼睛一亮
今天最高氣溫27°C
今天能賣65杯冰紅茶
眞了不起，
可是該怎麼
預測呢？

換句話說，迴歸分析可以……
準備好筆記了嗎？
準備好了

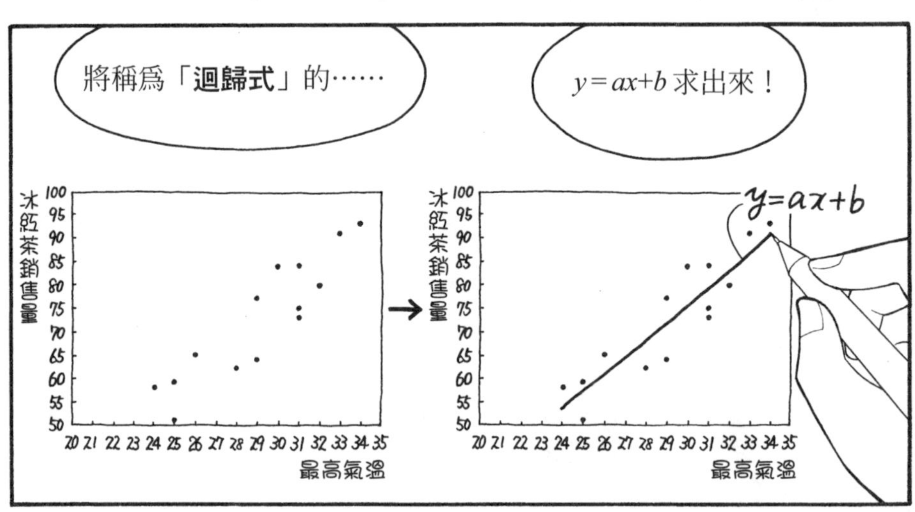
將稱爲「**迴歸式**」的……
y＝ax+b 求出來！
冰紅茶銷售量
最高氣溫
y=ax+b

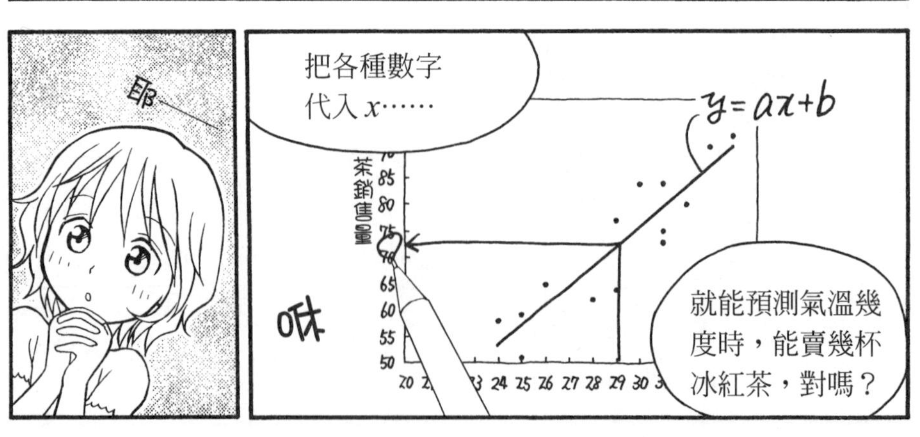
耶
把各種數字代入 x……
y=ax+b
茶銷售量
就能預測氣溫幾度時，能賣幾杯冰紅茶，對嗎？
咻

什麼嘛！迴歸分析看起來好像很簡單啊……
呵呵……

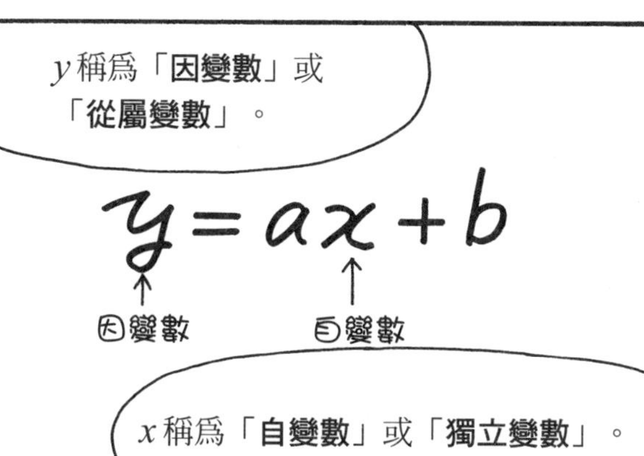
y 稱為「**因變數**」或「**從屬變數**」。
$y = ax + b$
因變數
自變數
x 稱為「**自變數**」或「**獨立變數**」。

a 稱為「**迴歸係數**」！
我懂了。

那趕快教我怎麼求迴歸式吧！
慢著！

並不是求得了迴歸式，就算是迴歸分析。
還得確認算式的準確度、推測母群體的情況……等，還有很多事情得做。

✿ 2 迴歸分析的具體範例 ✿

①先把自變數和因變數的點畫到座標圖上，看看求迴歸式有沒有意義。

②求迴歸式。

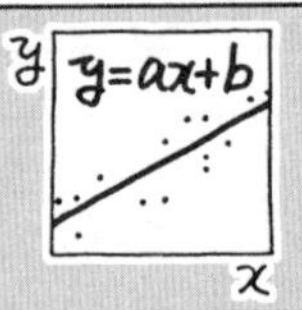

③確認迴歸式的準確度。

④進行「迴歸係數檢定」。

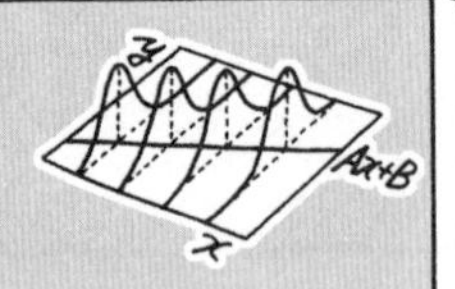

⑤推測母群體迴歸 $Ax+B$。

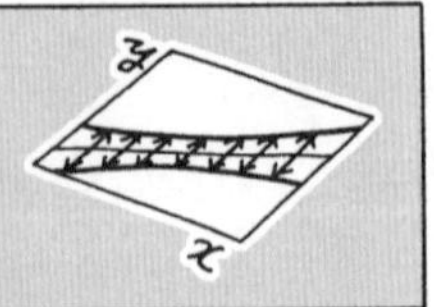

推測母群體的情況

⑥預測。

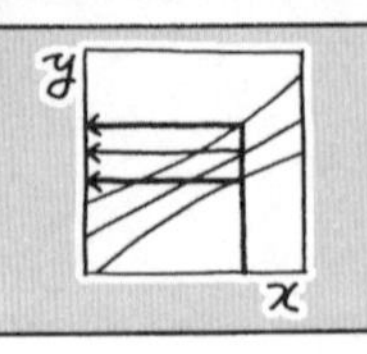

預測

①先把自變數和因變數的點畫到點座標圖，看看求迴歸式有沒有意義

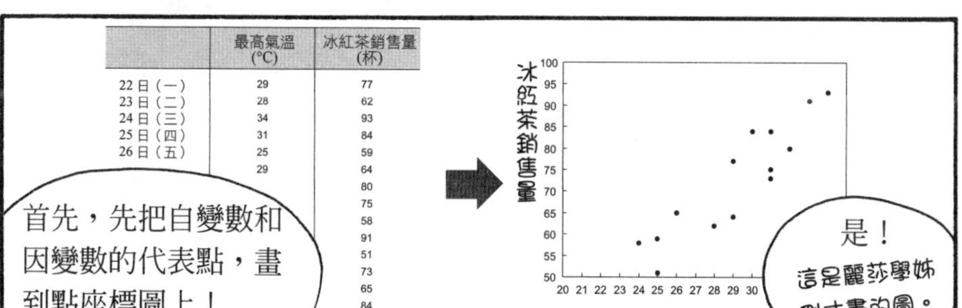

	最高氣溫（℃）	冰紅茶銷售量（杯）
22日（一）	29	77
23日（二）	28	62
24日（三）	34	93
25日（四）	31	84
26日（五）	25	59
	29	64
		80
		75
		58
		91
		51
		73
		65
		84

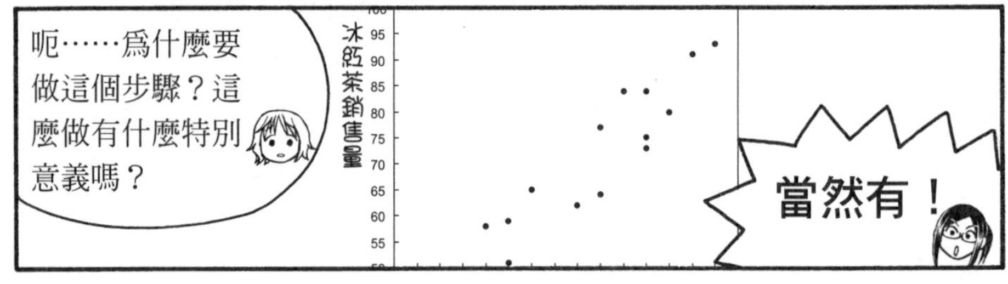

冰紅茶銷售量

最高氣溫

有時候兩個變數看
起來毫無關聯……

冰紅茶銷售量

$y=0.2x+64.5$

最高氣溫

基本上不管變數之間有
沒有關係，都能以數學
方法求得迴歸式！

所以在座標圖上
把點標示出來的
步驟很重要。

原來如此！

②求迴歸式

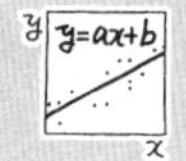

y=ax+b
y
x

接下來，就要求迴歸式了！
y=ax+b
把 a 和 b 找出來！
好！

基本想法是……

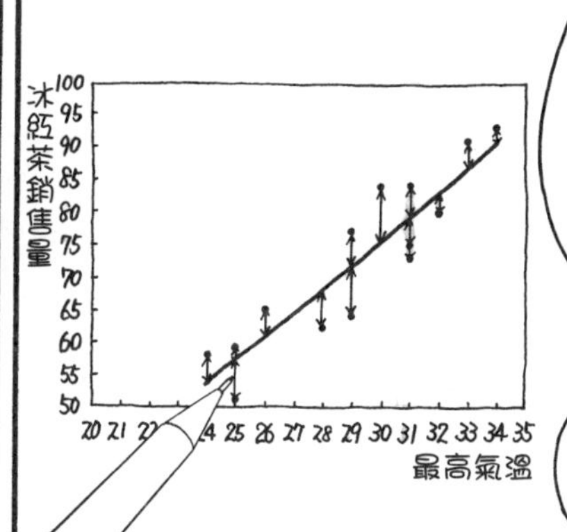

我們想求的 a 和 b 必須讓這些縱線長度（殘差）的平方總和（平方和）達到最小值。
冰紅茶銷售量
100
95
90
85
80
75
70
65
60
55
50
20 21 22 23 24 25 26 27 28 29 30 31 32 33 34 35
最高氣溫
這種方法稱爲「最小平方法」！

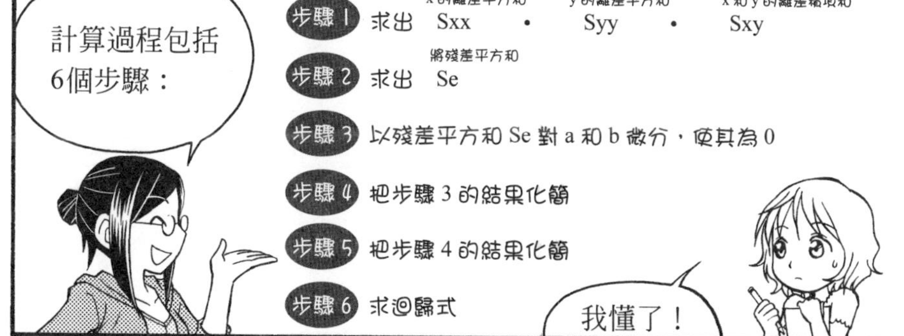

計算過程包括6個步驟：
步驟1 求出 Sxx（x 的離差平方和）・Syy（y 的離差平方和）・Sxy（x 和 y 的離差積項和）
步驟2 求出 Se（將殘差平方和）
步驟3 以殘差平方和 Se 對 a 和 b 微分，使其為 0
步驟4 把步驟 3 的結果化簡
步驟5 把步驟 4 的結果化簡
步驟6 求迴歸式
我懂了！

求出：

- x 的離差平方和 S_{xx}
- y 的離差平方和 S_{yy}
- x 和 y 的離差積項和 S_{xy}

	最高氣溫 x	冰紅茶銷售量 y	$x-\bar{x}$	$y-\bar{y}$	$(x-\bar{x})^2$	$(y-\bar{y})^2$	$(x-\bar{x})(y-\bar{y})$
22 日（一）	29	77	−0.1	4.4	0.0	19.6	−0.6
23 日（二）	28	62	−1.1	−10.6	1.3	111.8	12.1
24 日（三）	34	93	4.9	20.4	23.6	417.3	99.2
25 日（四）	31	84	1.9	11.4	3.4	130.6	21.2
26 日（五）	25	59	−4.1	−13.6	17.2	184.2	56.2
27 日（六）	29	64	−0.1	−8.6	0.0	73.5	1.2
28 日（日）	32	80	2.9	7.4	8.2	55.2	21.2
29 日（一）	31	75	1.9	2.4	3.4	5.9	4.5
30 日（二）	24	58	−5.1	−14.6	26.4	212.3	74.9
31 日（三）	33	91	3.9	18.4	14.9	339.6	71.1
1 日（四）	25	51	−4.1	−21.6	17.2	465.3	89.4
2 日（五）	31	73	1.9	0.4	3.4	0.2	0.8
3 日（六）	26	65	−3.1	−7.6	9.9	57.3	23.8
4 日（日）	30	84	0.9	11.4	0.7	130.6	9.8
總計	408	1016	0	0	**129.7**	**2203.4**	**484.9**
平均	29.1	72.6					
	↓ $\bar{x}$	↓ $\bar{y}$			↓ S_{xx}	↓ S_{yy}	↓ S_{xy}

步驟2 計算下表的算式：

表內的「y」稱爲**實測值**；

「$\hat{y}=ax+b$」稱爲**預測值**；

「$y-\hat{y}$」稱爲**殘差**，通常寫成「e」。

	最高氣溫 x	冰紅茶銷售量 y	冰紅茶銷售量 $\hat{y}=ax+b$	$y-\hat{y}$	$(y-\hat{y})^2$
22日（一）	29	77	$a\times 29+b$	$77-(a\times 29+b)$	$\{77-(a\times 29+b)\}^2$
23日（二）	28	62	$a\times 28+b$	$62-(a\times 28+b)$	$\{62-(a\times 28+b)\}^2$
24日（三）	34	93	$a\times 34+b$	$93-(a\times 34+b)$	$\{93-(a\times 34+b)\}^2$
25日（四）	31	84	$a\times 31+b$	$84-(a\times 31+b)$	$\{84-(a\times 31+b)\}^2$
26日（五）	25	59	$a\times 25+b$	$59-(a\times 25+b)$	$\{59-(a\times 25+b)\}^2$
27日（六）	29	64	$a\times 29+b$	$64-(a\times 29+b)$	$\{64-(a\times 29+b)\}^2$
28日（日）	32	80	$a\times 32+b$	$80-(a\times 32+b)$	$\{80-(a\times 32+b)\}^2$
29日（一）	31	75	$a\times 31+b$	$75-(a\times 31+b)$	$\{75-(a\times 31+b)\}^2$
30日（二）	24	58	$a\times 24+b$	$58-(a\times 24+b)$	$\{58-(a\times 24+b)\}^2$
31日（三）	33	91	$a\times 33+b$	$91-(a\times 33+b)$	$\{91-(a\times 33+b)\}^2$
1日（四）	25	51	$a\times 25+b$	$51-(a\times 25+b)$	$\{51-(a\times 25+b)\}^2$
2日（五）	31	73	$a\times 31+b$	$73-(a\times 31+b)$	$\{73-(a\times 31+b)\}^2$
3日（六）	26	65	$a\times 26+b$	$65-(a\times 26+b)$	$\{65-(a\times 26+b)\}^2$
4日（日）	30	84	$a\times 30+b$	$84-(a\times 30+b)$	$\{84-(a\times 30+b)\}^2$
總計	408	1016	$408a+14b$	$1016-(408a+14b)$	→ S_e
平均	29.1	72.6	$29.1a+b$ $=\bar{x}a+b$	$72.6-(29.1a+b)$ $=\bar{y}-(\bar{x}a+b)$	$\frac{S_e}{14}$
	↓ $\bar{x}$	↓ $\bar{y}$			

$S_e=\{77-(a\times 29+b)\}^2+\cdots+\{84-(a\times 30+b)\}^2$

把 $(y-\hat{y})^2$ 相加，也就是 e^2 相加，稱爲「殘差平方和」，通常寫成 S_e。

步驟 3　以殘差平方 S_e 和對 a 和 b 微分，使其爲0

■對 a 微分

$$\frac{dS_e}{da} = 2\{77 - (29a + b)\} \times (-29) + \cdots + 2\{84 - (30a + b)\} \times (-30) = 0 \cdots ①$$

■對 b 微分

$$\frac{dS_e}{db} = 2\{77 - (29a + b)\} \times (-1) + \cdots + 2\{84 - (30a + b)\} \times (-1) = 0 \cdots\cdots ②$$

步驟 4　把步驟3的①和②化簡

■ 化簡①

$$2\{77 - (29a + b)\} \times (-29) + \cdots + 2\{84 - (30a + b)\} \times (-30) = 0$$

$$\{77 - (29a + b)\} \times (-29) + \cdots + \{84 - (30a + b)\} \times (-30) = 0$$ 兩邊分別乘以1/2

$$29\{(29a + b) - 77\} + \cdots + 30\{(30a + b) - 84\} = 0$$ 和前一道算式比較

$$(29 \times 29a + 29 \times b - 29 \times 77) + \cdots + (30 \times 30a + 30 \times b - 30 \times 84) = 0$$

$$(29^2 + \cdots + 30^2)a + (29 + \cdots + 30)b - (29 \times 77 + \cdots + 30 \times 84) = 0 \cdots\cdots ③$$

■ 化簡②

$$2\{77 - (29a + b)\} \times (-1) + \cdots + 2\{84 - (30a + b)\} \times (-1) = 0$$

$$\{77 - (29a + b)\} \times (-1) + \cdots + \{84 - (30a + b)\} \times (-1) = 0$$ 兩邊分別乘以1/2

$$\{(29a + b) - 77\} + \cdots + \{(30a + b) - 84\} = 0$$ 和前一道算式比較

$$(29 + \cdots + 30)a + \underbrace{b + \cdots + b}_{14} - (77 + \cdots + 84) = 0$$

$$(29 + \cdots + 30)a + 14b - (77 + \cdots + 84) = 0$$

$$14b = (77 + \cdots + 84) - (29 + \cdots + 30)a$$ 移項

$$b = \frac{77 + \cdots + 84}{14} - \frac{29 + \cdots + 30}{14}a \cdots\cdots ④$$ 左邊只留下b

$$b = \bar{y} - \bar{x}a \cdots\cdots ⑤$$ 請仔細看清楚前一道算式和步驟2的表

步驟5　把步驟4的④（※請注意不是⑤，而是④）代入步驟4的③。

$$(29^2+\cdots+30^2)a+(29+\cdots+30)\left(\frac{77+\cdots+84}{14}-\frac{29+\cdots+30}{14}a\right)-(29\times 77+\cdots+30\times 84)=0$$

$$(29^2+\cdots+30)^2a+\frac{(29+\cdots+30)(77+\cdots+84)}{14}-\frac{(29+\cdots+30)^2}{14}a-(29\times 77+\cdots+30\times 84)=0$$

$$\left\{(29^2+\cdots+30^2)-\frac{(29+\cdots+30)^2}{14}\right\}a+\frac{(29+\cdots+30)(77+\cdots+84)}{14}-(29\times 77+\cdots+30\times 84)=0$$ ◀把 a 提出去

$$\left\{(29^2+\cdots+30)^2-\frac{(29+\cdots+30)^2}{14}\right\}a=(29\times 77+\cdots+30\times 84)-\frac{(29+\cdots+30)(77+\cdots+84)}{14}$$ ◀移項

左邊化簡

$$(29^2+\cdots+30^2)-\frac{(29+\cdots+30)^2}{14}$$

$$=(29^2+\cdots+30^2)-2\times\frac{(29+\cdots+30)^2}{14}+\frac{(29+\cdots+30)^2}{14}$$ ◀和前一道算式比較

$$=(29^2+\cdots+30^2)-2\times(29+\cdots+30)\times\frac{29+\cdots+30}{14}+\left(\frac{29+\cdots+30}{14}\right)^2\times 14$$

$$=(29^2+\cdots+30^2)-2\times(29+\cdots+30)\times\bar{x}+(\bar{x})^2\times 14$$ ◀ $\bar{x}=\dfrac{29+\cdots+30}{14}$

$$=(29^2+\cdots+30^2)-2\times(29+\cdots+30)\times\bar{x}+\underbrace{(\bar{x})^2+\cdots+(\bar{x})^2}_{14}$$

$$=\{29^2-2\times 29\times\bar{x}+(\bar{x})^2\}+\cdots+\{30^2-2\times 30\times\bar{x}+(\bar{x})^2\}$$

$$=(29-\bar{x})^2+\cdots+(30-\bar{x})^2$$

$$=S_{xx}$$

右邊化簡

$$(29\times 77+\cdots+30\times 84)-\frac{(29+\cdots+30)(77+\cdots+84)}{14}$$

$$=(29\times 77+\cdots+30\times 84)-\frac{29+\cdots+30}{14}\times\frac{77+\cdots+84}{14}\times 14$$

$$=(29\times 77+\cdots+30\times 84)-\bar{x}\times\bar{y}\times 14$$

$$=(29\times 77+\cdots+30\times 84)-\bar{x}\times\bar{y}\times 14-\bar{x}\times\bar{y}\times 14+\bar{x}\times\bar{y}\times 14$$ ◀和前一道算式比較

$$=(29\times 77+\cdots+30\times 84)-\frac{29+\cdots+30}{14}\times\bar{y}\times 14-\bar{x}\times\frac{77+\cdots+84}{14}\times 14+\bar{x}\times\bar{y}\times 14$$

$$=(29\times 77+\cdots+30\times 84)-(29+\cdots+30)\bar{y}-\bar{x}(77+\cdots+84)+\bar{x}\times\bar{y}\times 14$$

$$=(29\times 77+\cdots+30\times 84)-(29+\cdots+30)\bar{y}-(77+\cdots+84)\bar{x}+\underbrace{\bar{x}\times\bar{y}+\cdots+\bar{x}\times\bar{y}}_{14}$$

$$=(29\times 77-29\bar{y}-77\bar{x}+\bar{x}\times\bar{y})+\cdots+(30\times 84-30\bar{y}-84\bar{x}+\bar{x}\times\bar{y})$$

$$=(29-\bar{x})(77-\bar{y})+\cdots+(30-\bar{x})(84-\bar{y})$$

$$=S_{xy}$$

$$S_{xx}a=S_{xy}$$

$$a=\frac{S_{xy}}{S_{xx}}\quad\cdots\cdots⑥$$ ◀左邊只留下 a

步驟6 求迴歸式

根據步驟5的⑥，$a=\dfrac{S_{xy}}{S_{xx}}$。根據步驟4的⑤，$b=\bar{y}-\bar{x}a$。

根據步驟1，

$$\begin{cases} a=\dfrac{S_{xy}}{S_{xx}}=\dfrac{484.9}{129.7}=3.7 \\ b=\bar{y}-\bar{x}a=72.6-29.1\times3.7=-36.4 \end{cases}$$

所以迴歸式爲

$$y=3.7x-36.4$$

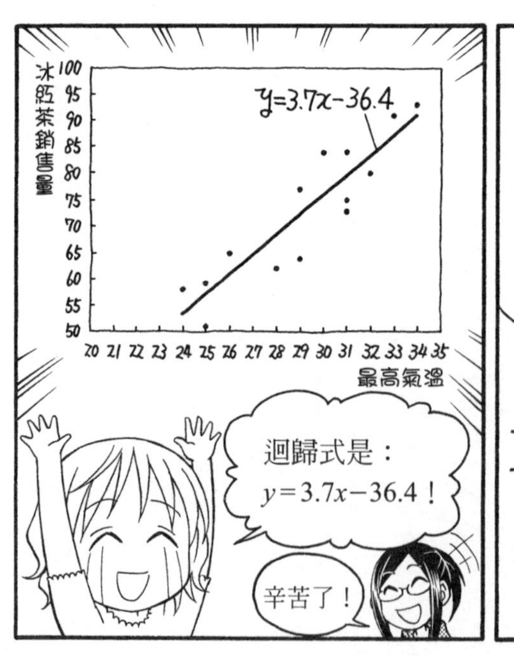

對了，美羽，最高氣溫和冰紅茶銷售量的平均各為多少？
嗯……
29.1和72.6

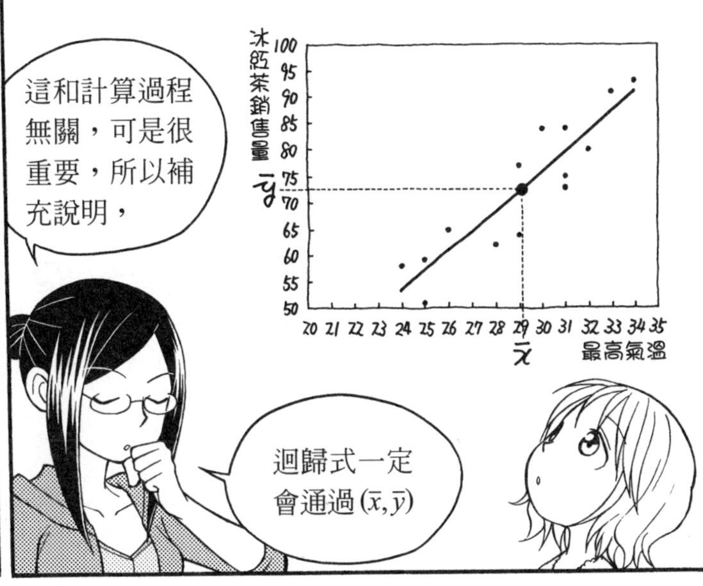
這和計算過程無關，可是很重要，所以補充說明，
冰紅茶銷售量
$\bar{y}$
100
95
90
85
80
75
70
65
60
55
50
20 21 22 23 24 25 26 27 28 29 30 31 32 33 34 35
$\bar{x}$
最高氣溫
迴歸式一定會通過 $(\bar{x},\bar{y})$

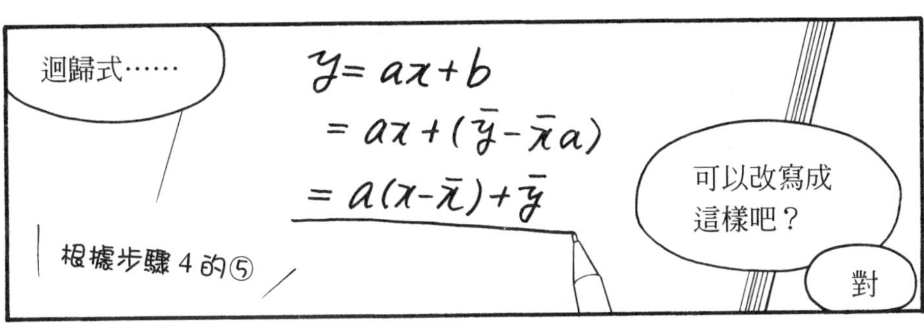
迴歸式……
$y = ax + b$
$= ax + (\bar{y} - \bar{x}a)$
$= a(x - \bar{x}) + \bar{y}$
根據步驟 4 的⑤
可以改寫成這樣吧？
對

把 $\bar{x}$ 代入這道式子的 x……

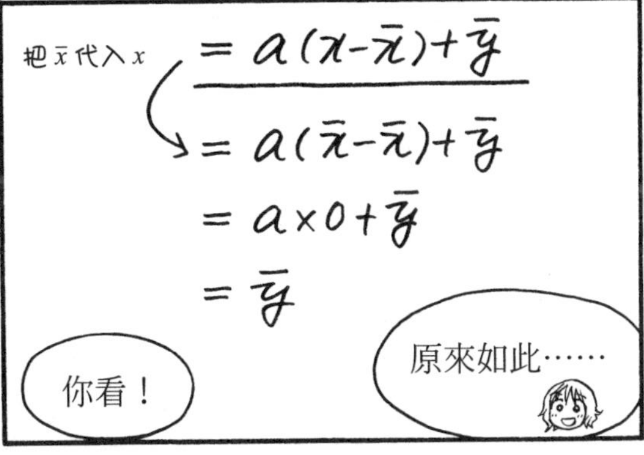
把 $\bar{x}$ 代入 x
$= a(x - \bar{x}) + \bar{y}$
$= a(\bar{x} - \bar{x}) + \bar{y}$
$= a \times 0 + \bar{y}$
$= \bar{y}$
你看！
原來如此……

③確認迴歸式的準確度

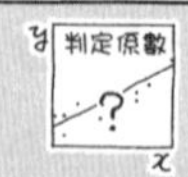

剛才的數據和迴歸式

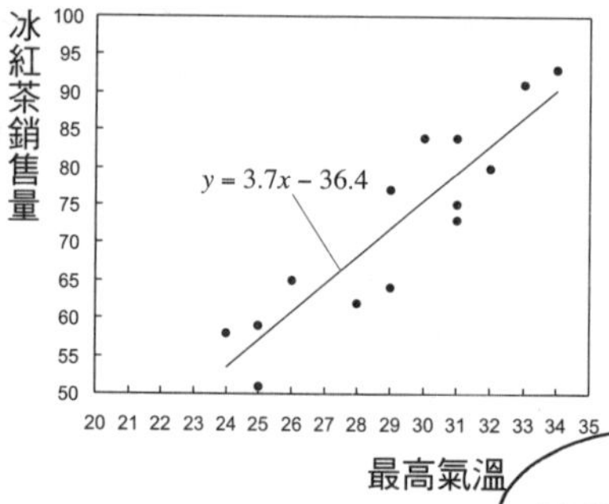

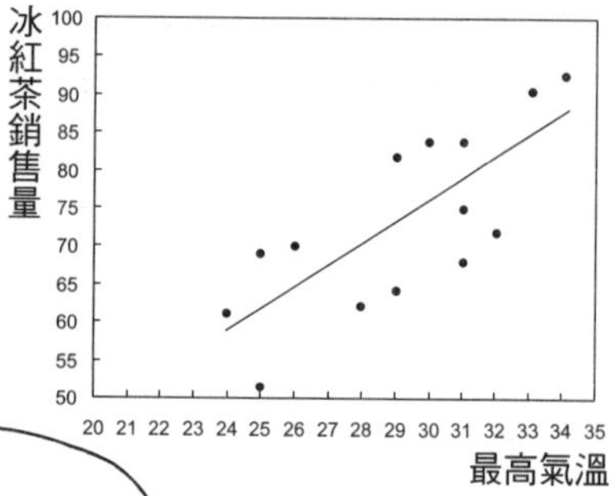

虛構的數據和從數據求得的迴歸式

點和迴歸式越吻合，代表「迴歸式的準確度越高」。
耶——？

可是只看圖判斷準確度，太過主觀，難免覺得不放心吧？
這一邊比較密集
這一邊比較分散
說得也是……

這時候就會用到「**複相關係數**」！
通常寫成「R」！
R

複相關係數？
這是代表迴歸式的準確度，也就是代表點和迴歸式吻合程度的指標。

實際上，這只是指實測值 y 和預測值 $\hat{y}$ 的單相關係數而已。
喔！

算式如下：

$$R=\frac{y\text{和}\hat{y}\text{的離差積項和}}{y\text{的離差平方和}\times\hat{y}\text{的離差平方和}}=\frac{S_{y\hat{y}}}{\sqrt{S_{yy}\times S_{\hat{y}\hat{y}}}}=\frac{1812.3}{\sqrt{2203.4\times1812.3}}=0.9069$$

這是計算過程——

	實測值 y	預測值 $\hat{y}=3.7x-36.4$	$y-\bar{y}$	$\hat{y}-\bar{\hat{y}}$	$(y-\bar{y})^2$	$(\hat{y}-\bar{\hat{y}})^2$	$(y-\bar{y})(\hat{y}-\bar{\hat{y}})$	$(y-\hat{y})^2$
22 日（一）	77	72.0	4.4	−0.5	19.6	0.3	−2.4	24.6
23 日（二）	62	68.3	−10.6	−4.3	111.8	18.2	45.2	39.7
24 日（三）	93	90.7	20.4	18.2	417.3	329.6	370.9	5.2
25 日（四）	84	79.5	11.4	6.9	130.6	48.2	79.3	20.1
26 日（五）	59	57.1	−13.6	−15.5	184.2	239.8	210.2	3.7
27 日（六）	64	72.0	−8.6	−0.5	73.5	0.3	4.6	64.6
28 日（日）	80	83.3	7.4	10.7	55.2	114.1	79.3	10.6
29 日（一）	75	79.5	2.4	6.9	5.9	48.2	16.9	20.4
30 日（二）	58	53.3	−14.6	−19.2	212.3	369.5	280.1	21.6
31 日（三）	91	87.0	18.4	14.4	339.6	207.9	265.7	16.1
1 日（四）	51	57.1	−21.6	−15.5	465.3	239.8	334.0	37.0
2 日（五）	73	79.5	0.4	6.9	0.2	48.2	3.0	42.4
3 日（六）	65	60.8	−7.6	−11.7	57.3	138.0	88.9	17.4
4 日（日）	84	75.8	11.4	3.2	130.6	10.3	36.6	67.6
總計	1016	1016	0	0	**2203.4**	**1812.3**	**1812.3**	391.1
平均	72.6	72.6						
	↓ $\bar{y}$	↓ $\bar{\hat{y}}$			↓ S_{yy}	↓ $S_{\hat{y}\hat{y}}$	↓ $S_{y\hat{y}}$	↓ S_e

這和複相關係數 R 的計算過程無關，後面需要用到，所以先計算結果。

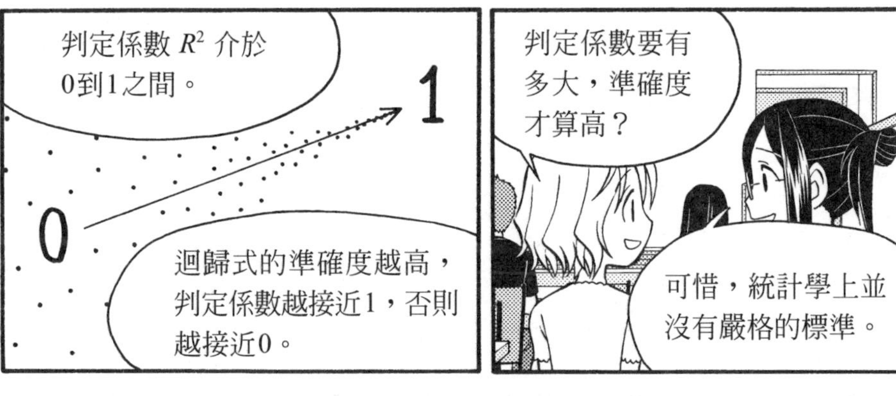

不過，「0.5以上」是個簡單的標準。

努力作筆記

我懂了……

接著，算算看判定係數！

好！

$$R^2=(0.9069)^2$$
$$=0.8225$$

等於0.8225。

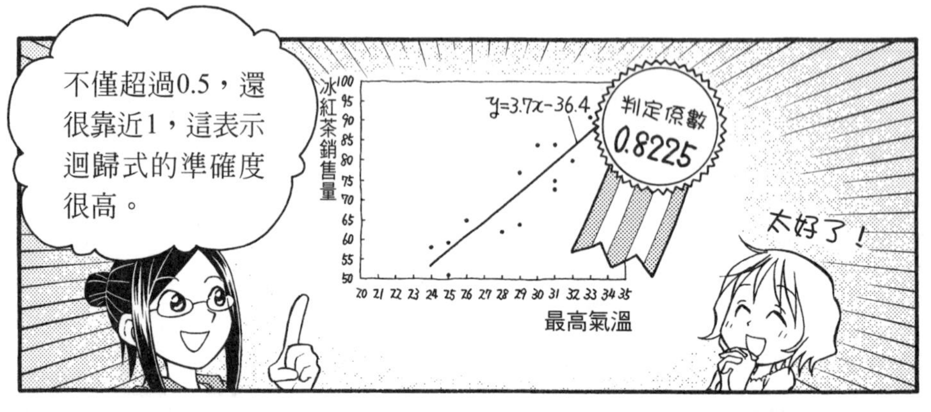
不僅超過0.5，還很靠近1，這表示迴歸式的準確度很高。
冰紅茶銷售量
y=3.7x−36.4
判定係數
0.8225
最高氣溫
太好了！

我們已經完成流程③了！

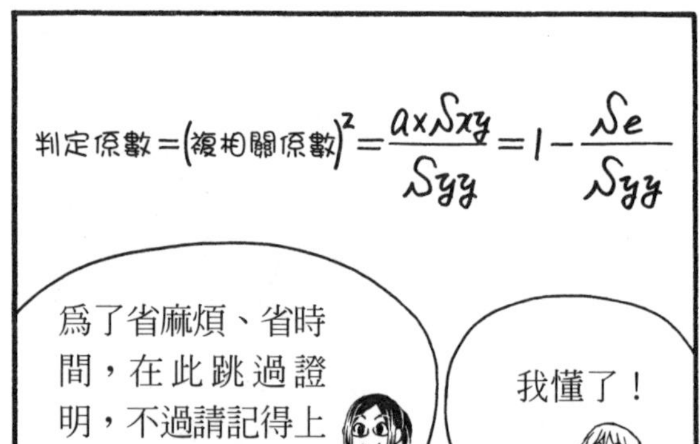
判定係數＝(複相關係數)²＝a×Sxy / Syy ＝1− Se / Syy
爲了省麻煩、省時間，在此跳過證明，不過請記得上述關係式會成立。
我懂了！

可是母群體是什麼？
對喔，應該先來說明母群體……
接下來要推測母群體的情況了！
啊……

	最高氣溫（°C）	冰紅茶銷售量（杯）
22日（一）	29	77
23日（二）	28	62
24日（三）	34	93
25日（四）	31	84
26日（五）	25	59
27日（六）	29	64
28日（日）	32	80
29日（一）	31	75
30日（二）	24	58
31日（三）	33	91
1日（四）	25	51
2日（五）	31	73
3日（六）	26	65
4日（日）	30	84

有幾天的最高氣溫爲31°C？

呃……25日、29日、2日，總共3天。

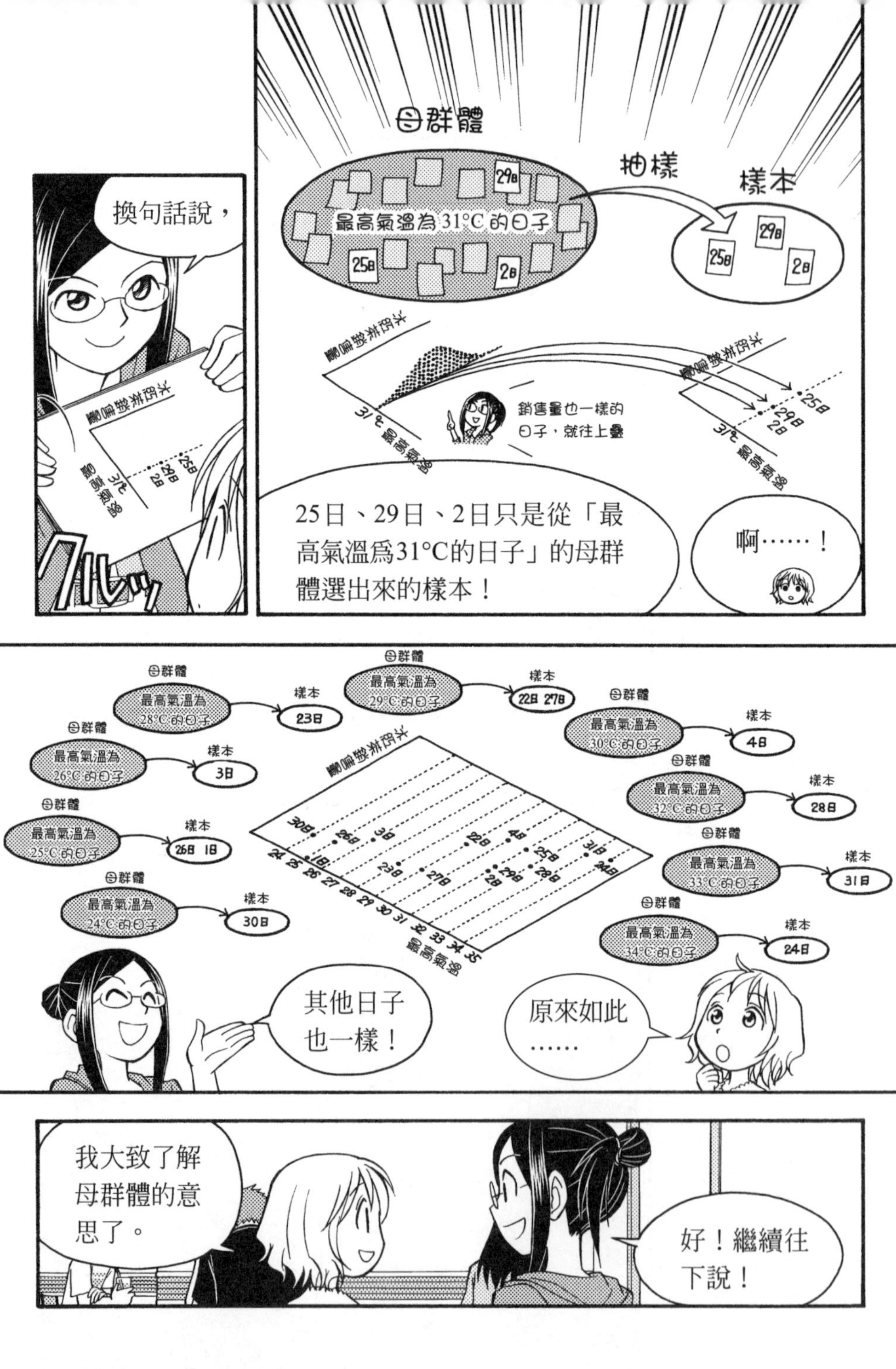

換句話說，

母群體

最高氣溫為31°C的日子

25日 29日 2日

抽樣

樣本

25日 29日 2日

31°C 最高氣溫

銷售量也一樣的日子，就往上疊

25日、29日、2日只是從「最高氣溫爲31°C的日子」的母群體選出來的樣本！

啊……！

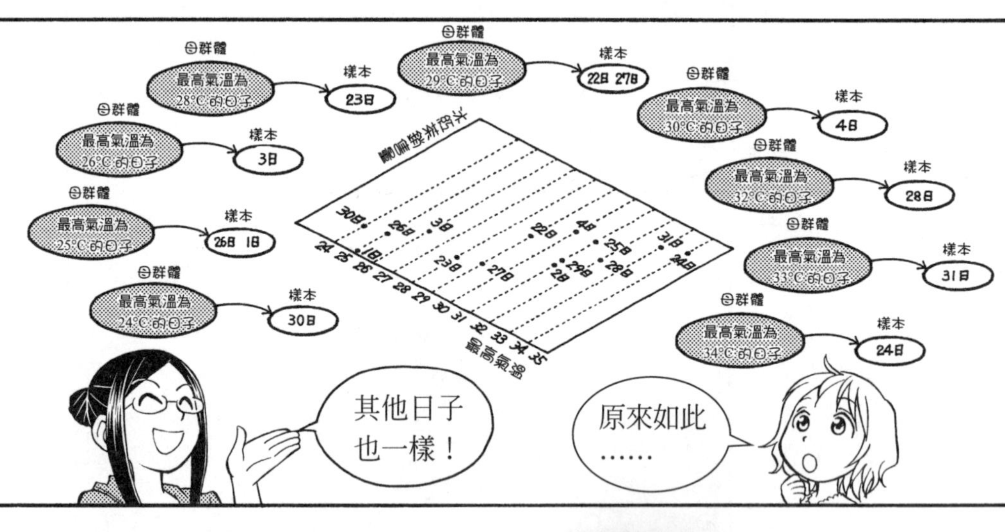

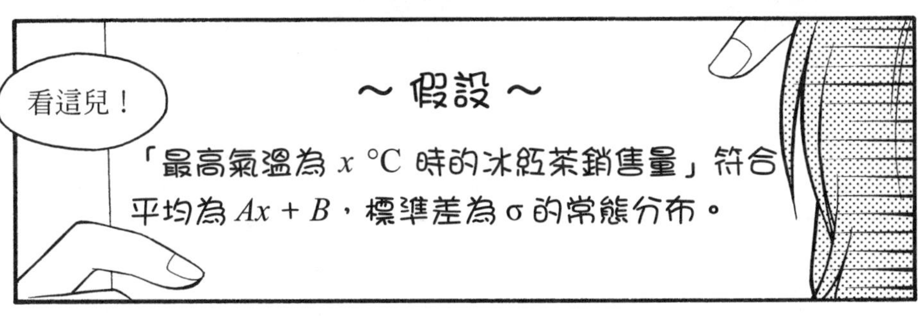

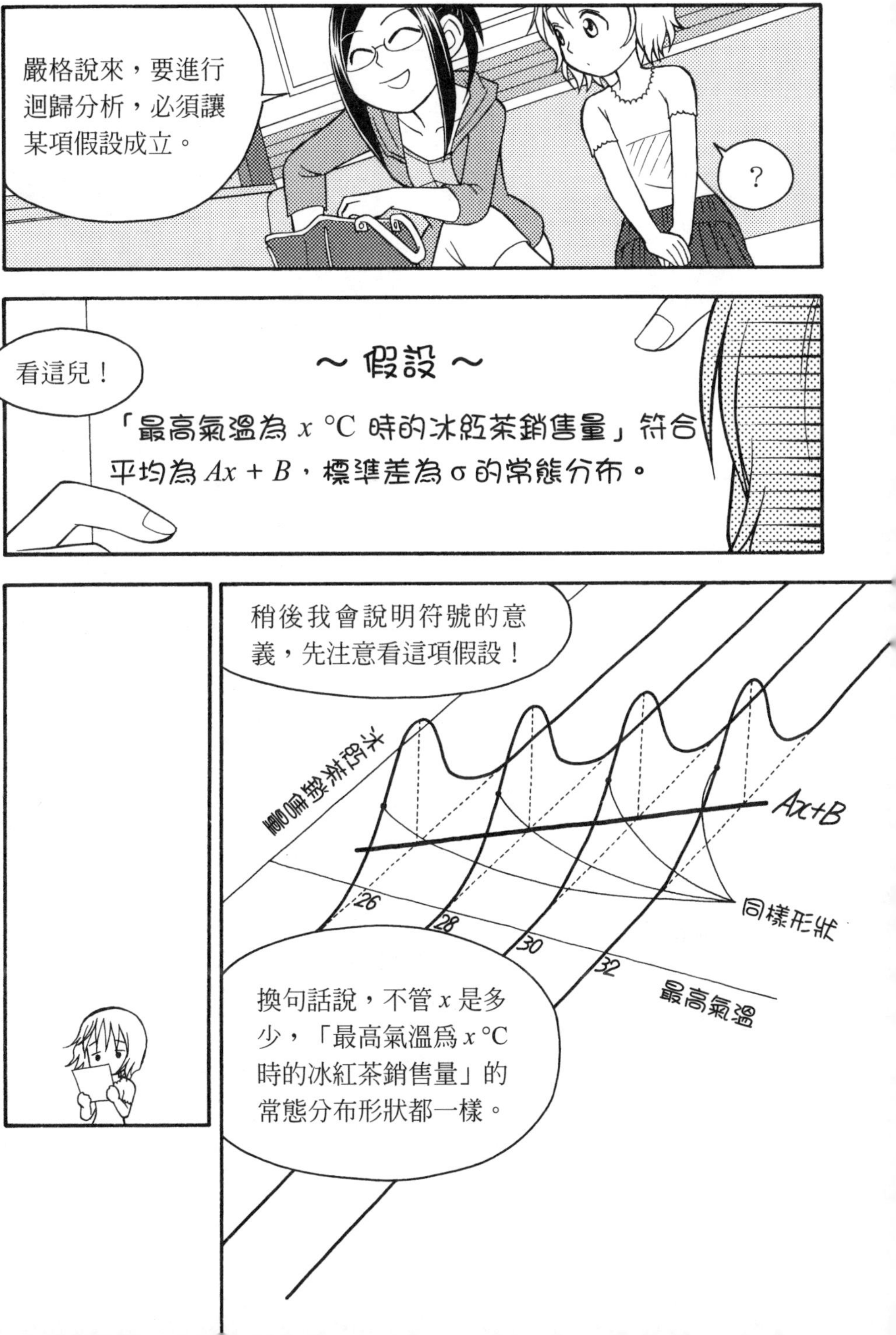

稍後我會說明符號的意義，先注意看這項假設！

冰紅茶銷售量

Ax+B

同樣形狀

26

28

30

32

最高氣溫

換句話說，不管 x 是多少，「最高氣溫爲 x ℃時的冰紅茶銷售量」的常態分布形狀都一樣。

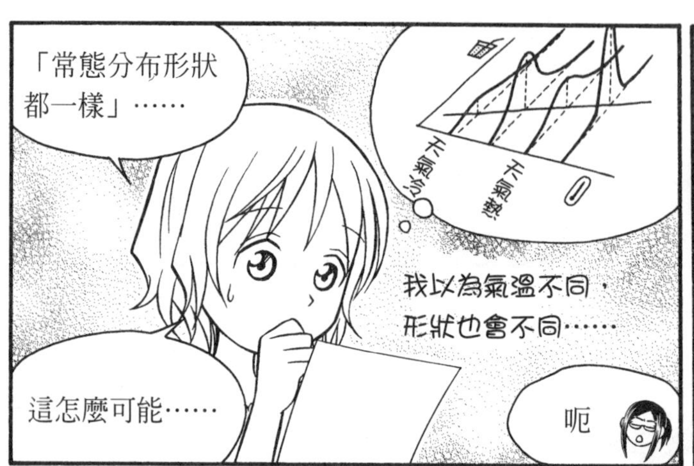
「常態分布形狀都一樣」……
天氣冷
天氣熱
我以為氣溫不同，形狀也會不同……
這怎麼可能……
呃

是啊……說得沒錯……
很聰明嘛！美羽！

可是，迴歸分析就是勉強規定不管天氣冷熱，常態分布的形狀都一樣！
決
果

當成規定就行了。
是！
向前狀…

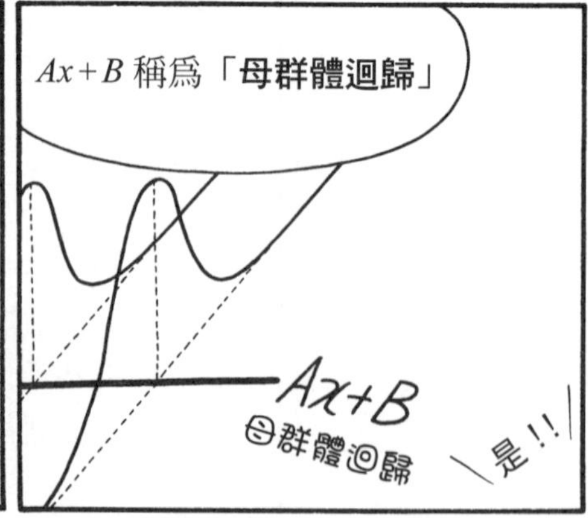
$Ax+B$ 稱爲「**母群體迴歸**」
Ax+B
母群體迴歸
是！！

④進行「迴歸係數檢定」

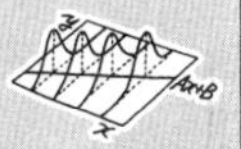

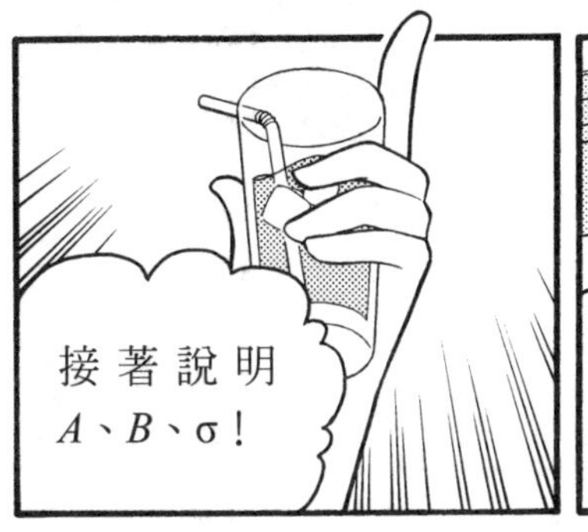

求得的迴歸式是：

$$y=ax+b$$

- A 大約等於 a
- B 大約等於 b
- σ 大約等於 $\sqrt{\dfrac{Se}{\text{個體的個數}-2}}$

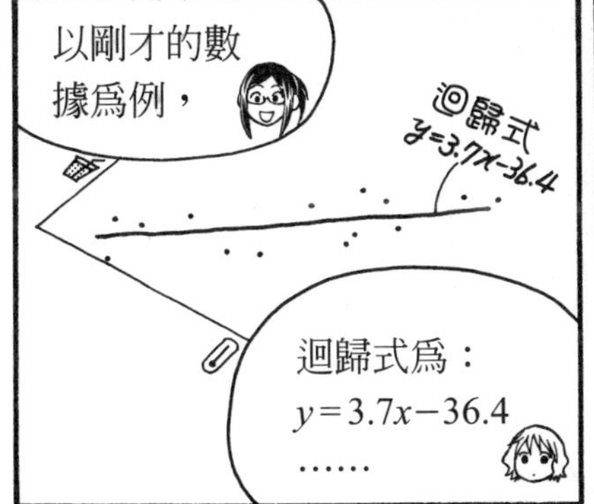

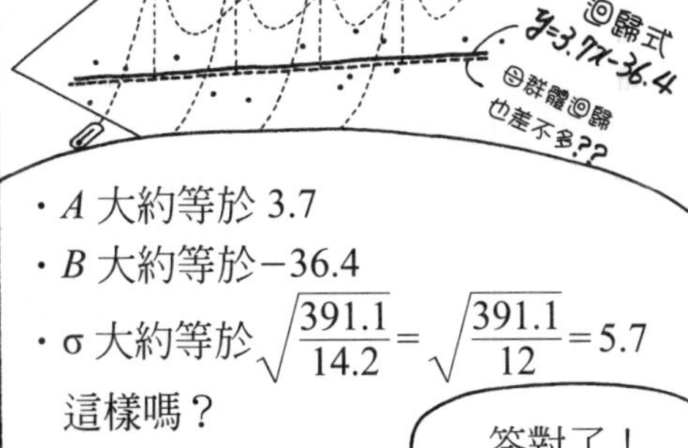

「大約」眞是個
曖昧的說法啊！
即使運用統計學，也
無法求得 A、B、σ 眞
正的值啊。
怎麼可能知道？
不過……

鏘
我們可以確定「A
是否等於0」！！
鏘！

……
這很重要！
假如A等於0
……

會出現這種情況！
～假設～
「最高氣溫為x°C時的冰紅茶銷售量」符合平均為B，標準差為σ的常態分布。
啊……

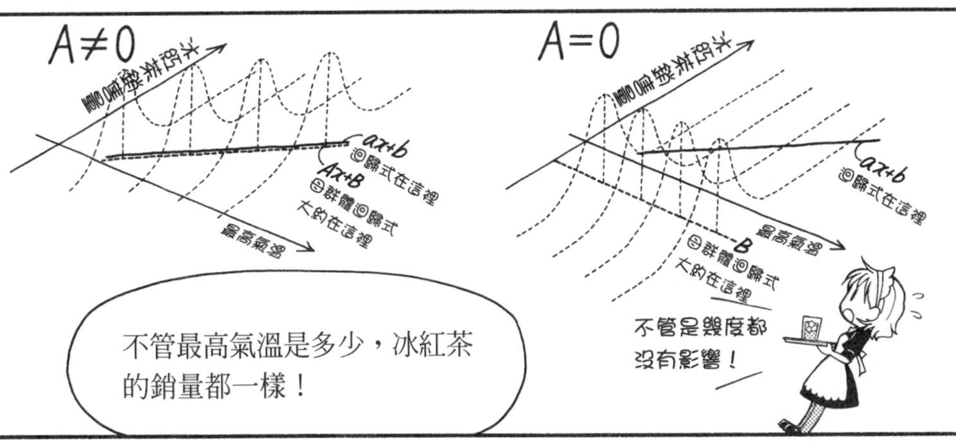
A≠0
冰紅茶銷售量
ax+b
迴歸式在這裡
Ax+B
母群體迴歸式大約在這裡
最高氣溫
A=0
冰紅茶銷售量
ax+b
迴歸式在這裡
B
母群體迴歸式大約在這裡
最高氣溫
不管最高氣溫是多少，冰紅茶的銷量都一樣！
不管是幾度都沒有影響！

由此可知 $A≠0$，對嗎？
迴歸係數檢定
這就是「迴歸係數檢定」！
以信賴水準 95% 試試看！
好！

步驟 1	定義母群體。	把「最高氣溫為x °C時的日子」視為母群體。
步驟 2	設定虛無假設和對立假設。	虛無假設「$A=0$」。 對立假設「$A\neq0$」。
步驟 3	選擇使用哪種「檢定」方法。	進行「迴歸係數檢定」。
步驟 4	決定信賴水準。	信賴水準為95%。
步驟 5	從樣本數據求檢定統計量。	我們要進行「迴歸係數檢定」。 「迴歸係數檢定」的檢定統計量等於： $\dfrac{a^2}{\left(\dfrac{1}{S_{xx}}\right)} \div \dfrac{S_e}{\text{個體的個數}-2}$ 例題的檢定統計量等於： $\dfrac{3.7^2}{\left(\dfrac{1}{129.7}\right)} \div \dfrac{391.1}{14-2} = 55.6$ 在這道例題中，假如虛無假設為真，檢定統計量會符合第一自由度為1、第二自由度為12（＝個體的個
步驟 6	確定步驟5求的檢定統計量對應的P值是否小於（1－信賴水準）（譯注1）。	信賴水準為95%。因為檢定統計量等於55.6，所以P值等於0.000008。 0.000008<0.05，所以P值比較小。
步驟 7	如果在步驟6，P值小於（1－信賴水準），結論是「對立假設正確」。如果P值不小於（1－信賴水準），結論是「不能說虛無假設錯」。	P值小於（1－信賴水準），所以對立假設「$A\neq0$」正確。

※有關 F 分布的 P 值求法，請參照 204 頁。

譯注 1：日文的信賴水準寫作 5%，中文寫作 95%，故此處為（1 －信賴水準）。

⑤推測母群體迴歸 $Ax + B$

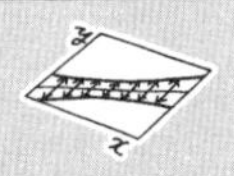

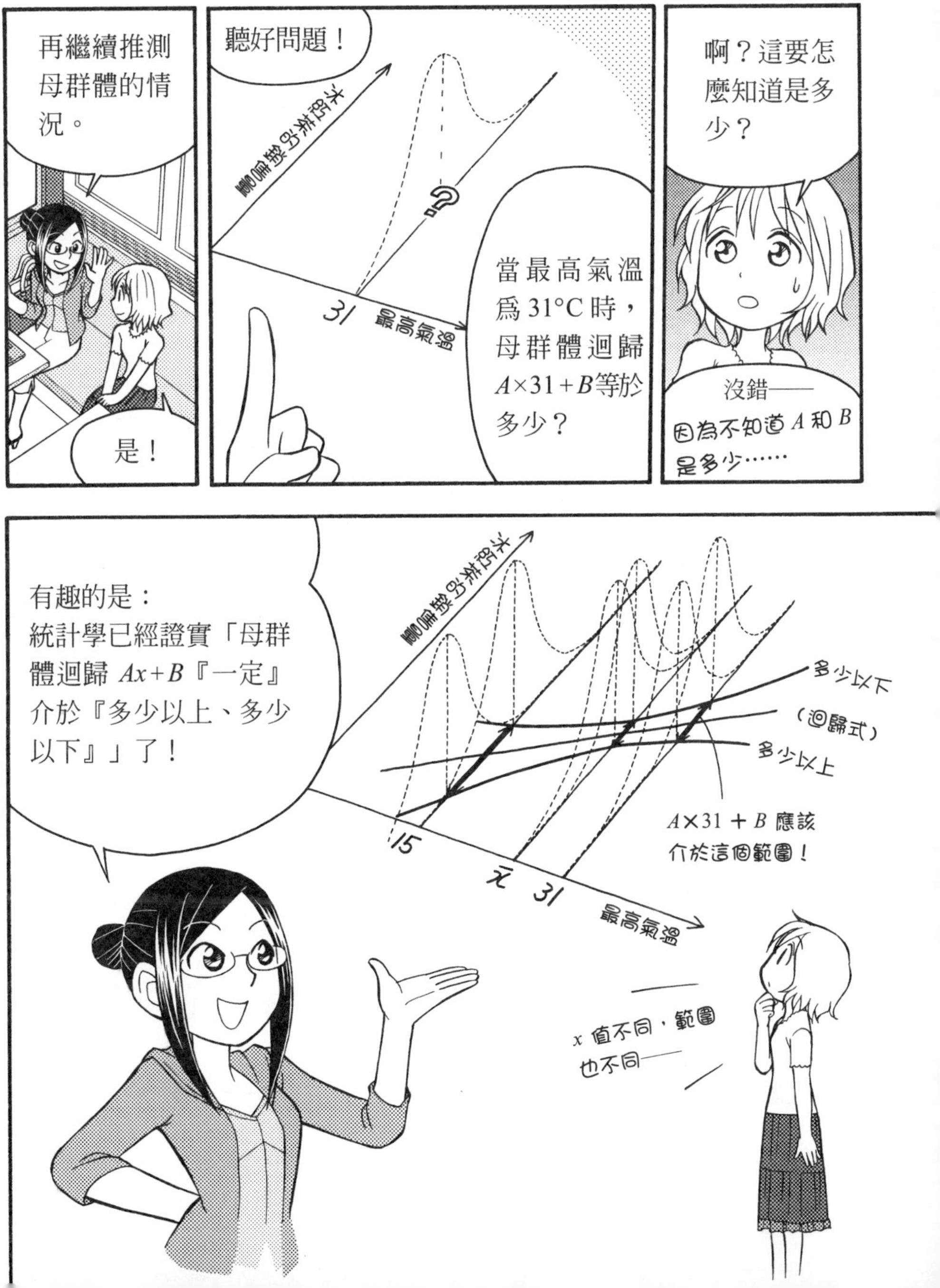

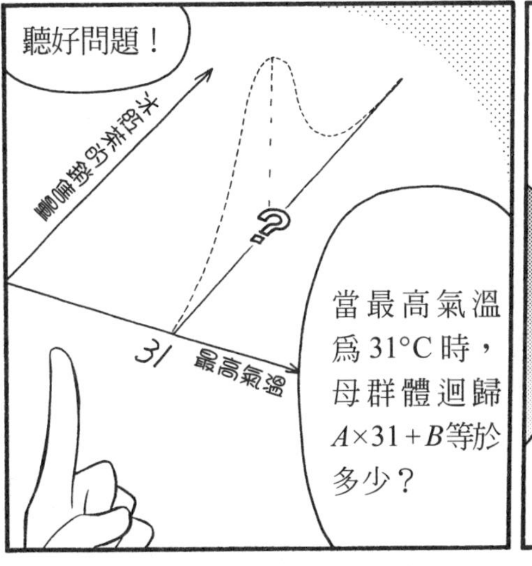

有趣的是：
統計學已經證實「母群體迴歸 $Ax+B$『一定』介於『多少以上、多少以下』」了！

冰紅茶的銷售量

多少以下

（迴歸式）

多少以上

15

$\bar{x}$ 31

最高氣溫

$A\times31 + B$ 應該介於這個範圍！

x 值不同，範圍也不同——

這種推測介於「多少以上、多少以下」的方法，稱爲「**區間估計**」；

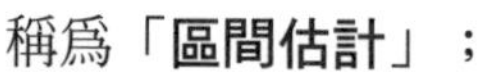

而推測所得的區間稱爲「**信賴區間**」。

這個「一定」介於這個範圍的可信度，稱爲：

「**信賴度**」或

「**信賴水準**」或

「**信賴係數**」。

不是求出信賴區間之後才「判斷」信賴水準，

而是由分析者在求信賴區間之前事先「決定」。

以剛才的31°C的例子來說，其實不是「母群體迴歸 $A \times 31+B$『一定』介於『多少以上、多少以下』」，而是「在信賴水準○○%的情況下，母群體迴歸 $A \times 31+B$『一定』介於『多少以上、多少以下』」。

該選哪一個才好呢？
95%
99%
通常設定信賴水準爲95%或99%，
是由分析者自行決定。

99%應該比較好吧？
嗯……那可未必喔。

99%的可信度的確比較高，
99%
冰紅茶銷售量一定介於 0～120 杯！
廢話
這我也知道
95%
冰紅茶銷售量一定介於 40～80 杯！
喔！
可是信賴區間會變寬，說服力變低。
原來如此——

接著，練習計算在信賴水準95%的情況下，A×31＋B的信賴區間吧！
好！

在信賴水準 95%的情況下母群體迴歸 $A\times31+B$ 的信賴區間如下：

這是信賴區間

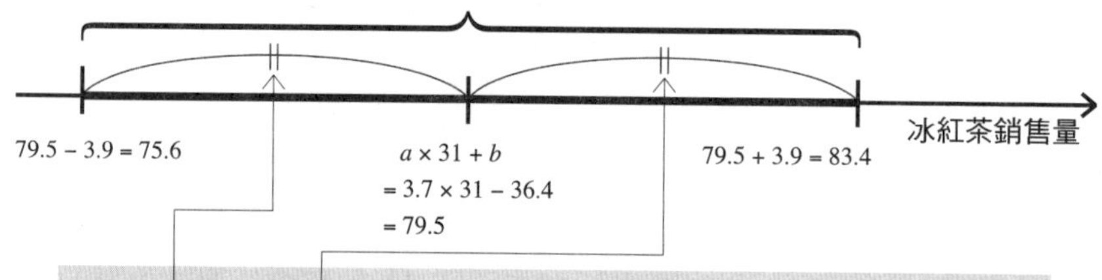

79.5 − 3.9 = 75.6

$a\times31+b$
$=3.7\times31-36.4$
$=79.5$

79.5 + 3.9 = 83.4

這段長度和這段長度都是

$$\sqrt{F(1,\text{個體的個數}-2\,;\,0.05)\times\left(\frac{1}{\text{個體的個數}}+\frac{(x_0-\bar{x})^2}{S_{xx}}\right)\times\frac{S_e}{\text{個體的個數}-2}}$$

$$=\sqrt{F(1,14-2\,;\,0.05)\times\left(\frac{1}{14}+\frac{(31-29.1)^2}{129.7}\right)\times\frac{391.1}{14-2}}$$

$$=3.9$$

在信賴水準 99%的情況下，母群體迴歸 $A\times31+B$ 的信賴區間是把 F（1, 個體的個數－ 2；0.05）＝ F（1,14 － 2；0.05）＝ 4.7 的部分改爲 F（1, 個體的個數－ 2；0.01）＝F（1,14 － 2；0.01）＝ 9.3

※有關 F（1, 14 － 2；0.05）＝ 4.7 的部分，請參照 54 頁。

⑥預測

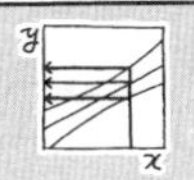

終於到最後一步了！
預測看看吧！

15:22
明天天氣
晴
最高氣溫 27°C
最低氣溫 20°C
降雨機率 0%
明天的最高氣溫……是27°C。
這樣，明天冰紅茶銷售量是多少？

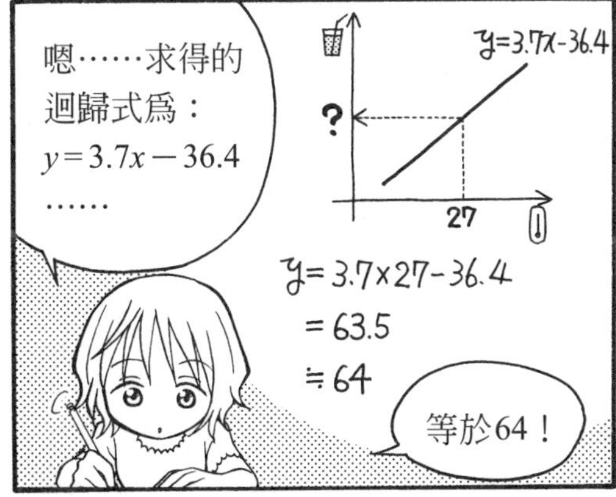

嗯……求得的迴歸式爲：$y=3.7x-36.4$……
y=3.7x-36.4
?
27
y=3.7×27-36.4
=63.5
≒64
等於64！

正確答案～
哈哈

銷售量眞的會剛好等於64杯嗎？
應該沒有這麼簡單吧……

不錯喔，很聰明嘛！
判定係數等於0.8225，所以應該差不多是64杯……
還有個很好的方法！
利用統計學，我們知道「最高氣溫爲27°C的時候，在信賴水準○○%的情況下，冰紅茶銷售量介於『多少以上、多少以下』」！
多少以下
迴歸式
多少以上
27
剛才已經聽過這句話……

剛才說的是「推測」「母群體迴歸 A×31+B」，現在說的是「預測」「最高氣溫爲27°C時的冰紅茶銷售量」喔。
咦？有什麼不一樣嗎…？

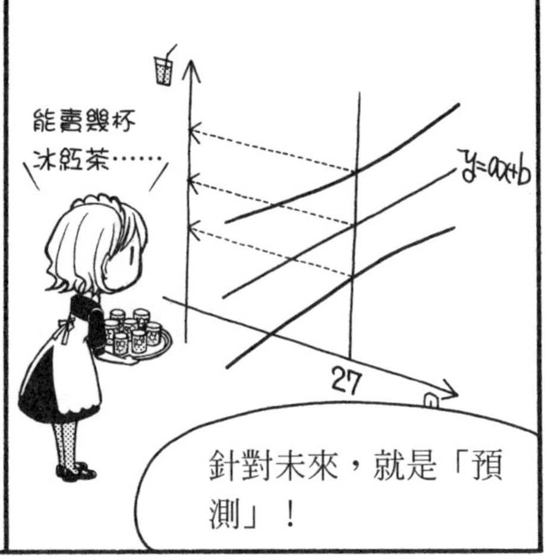

「一定」介於這個範圍的可信度稱爲：「**信賴度**」、「**信賴水準**」或「**信賴係數**」。

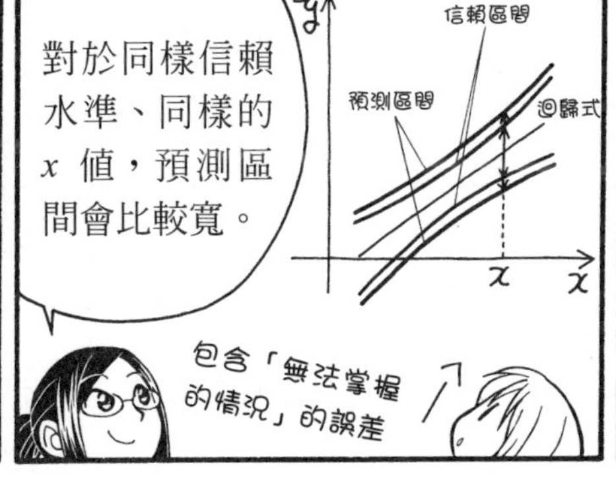

在信賴水準 95%的情況下，「最高氣溫 27 °C 時冰紅茶銷售量」的預測區間如下：

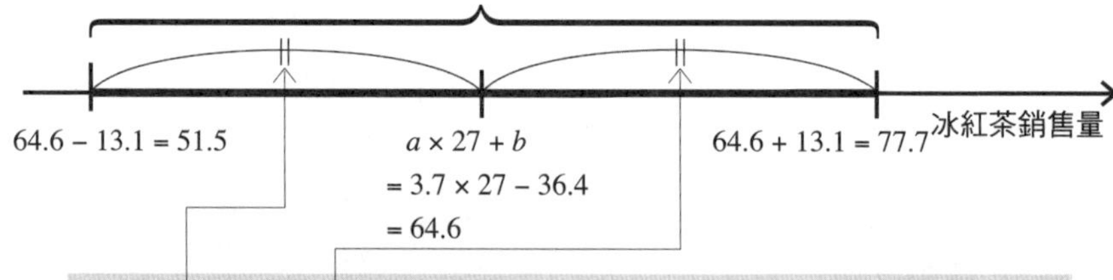

這段長度和這段長度都是

$$\sqrt{F(1,\text{個體的個數}-2\,;\,0.05)\times\left(\frac{1}{\text{個體的個數}}+\frac{(x_0-\bar{x})^2}{S_{xx}}\right)\times\frac{S_e}{\text{個體的個數}-2}}$$

$$=\sqrt{F(1,14-2\,;\,0.05)\times\left(1+\frac{1}{14}+\frac{(27-29.1)^2}{129.7}\right)\times\frac{391.1}{14-2}}$$

$$=13.1$$

因為數字經過四捨五入，所以有點誤差。最高氣溫 27°C 時冰紅茶銷售量不是 64 杯，而是 64.6≒65 杯。

在統計學中，通常不是根據F分布，而是根據 t 分布說明母群體迴歸。詳細數學過程太難，在此省略。

總之，在信賴水準95%的情況下，最高氣溫27°C時，冰紅茶的銷售量介於52杯和78杯，對嗎？

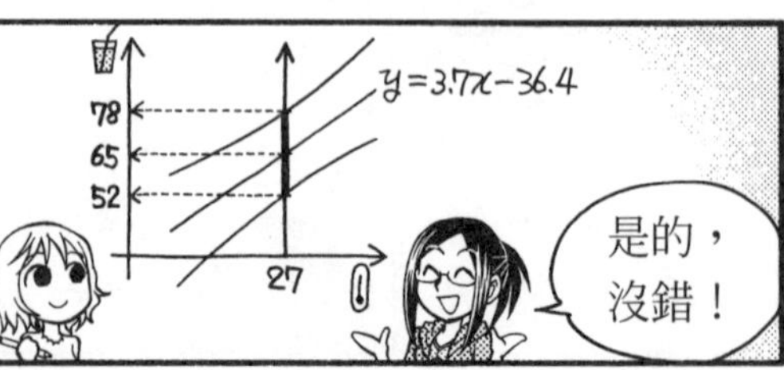

快坐下吧！
啊啊啊！
對不起！

說明到此結束，妳覺得迴歸分析怎麼樣呀？

嗯……計算過程很辛苦……
不過從諾諾咖啡店的數據可以看出很多東西……

謝謝麗莎學姊！
呵呵
不客氣！

「所以，迴歸分析大概就是這樣了～♡」

總之，妳要好好複習，才不會忘記～

✿ 3. 關於「迴歸分析步驟」的注意事項 ✿

下圖是62頁出現過的「迴歸分析步驟」：

①先把自變數和因變數的點畫到點座標圖上，看看求迴歸式有沒有意義。
↓
②求迴歸式。
↓
③確認迴歸式的準確度。
↓
④進行「迴歸係數檢定」。
↓
⑤推測母群體迴歸 $Ax+B$。
↓
⑥預測。

◆圖2.1　迴歸分析步驟

根據我之前的說明，聽起來似乎上面①到⑤的步驟都缺一不可，事實上並非如此。

我在**《世界第一簡單 統計學》**書中曾說過，統計學大致分爲：

・推論統計學

・敘述統計學

請回想25頁所學的「美羽的年齡與身高」那個例子，我們會發現：

・事實上世界上只有一個美羽

・事實上美羽10歲時身高爲137.5公分，只有「一個值」

由這兩個事實可見，我們不必考慮「美羽10歲時的身高是否符合母群體迴歸平均爲 $Ax+B$、標準差爲 σ 的常態分布」。換句話說，我們不必從推論統計學的觀點，分析母群體迴歸 $Ax+B$ 的信賴區間和 $A\neq 0$ 是否成立。簡而言之，我們應該從敘述統計學的觀點分析這個例子。

總而言之，基本上我們必須做足上述①到⑤的步驟，不過像「美羽的年齡與身高」這種例子，也就是應該採取敘述統計學的觀點分析時，只要做完①到③的步驟，分析就結束了。如果有必要，當然可以進行步驟⑥。

✿ 4. 標準化殘差 ✿

統計學上有所謂的**標準化殘差**。標準化殘差即：

$$\frac{\text{殘差}}{\sqrt{\dfrac{\text{殘差平方和}}{\text{個體的個數}-2}}}=\frac{y-\hat{y}}{\sqrt{\dfrac{S_e}{\text{個體的個數}-2}}}$$

以本章範例為例，其標準化殘差如下表：

◆表2.1　本章範例的標準化殘差

	最高氣溫 x	冰紅茶的銷售量 y	冰紅茶的銷售量 $\hat{y}=3.7x-36.4$	殘差 $y-\hat{y}$	標準化殘差 $\frac{y-\hat{y}}{\sqrt{\frac{391.1}{14-2}}}$
22日（一）	29	77	72.0	5.0	0.9
23日（二）	28	62	68.3	−6.3	−1.1
24日（三）	34	93	90.7	2.3	0.4
25日（四）	31	84	79.5	4.5	0.8
26日（五）	25	59	57.1	1.9	0.3
27日（六）	29	64	72.0	−8.0	−1.4
28日（日）	32	80	83.3	−3.3	−0.6
29日（一）	31	75	79.5	−4.5	−0.8
30日（二）	24	58	53.3	4.7	0.8
31日（三）	33	91	87.0	4.0	0.7
1日（四）	25	51	57.1	−6.1	−1.1
2日（五）	31	73	79.5	−6.5	−1.1
3日（六）	26	65	60.8	4.2	0.7
4日（日）	30	84	75.8	8.2	1.4

$$\frac{8.2}{\sqrt{\frac{391.1}{14-2}}}=1.4$$

標準化殘差的絕對值越大，代表該個體和其他個體的性質差異越大。如果標準化殘差的絕對值超過3，最好把該個體排除在外，再進行迴歸分析。

✿ 5. 內插和外插 ✿

以下再列出本章的範例和所推導出的迴歸式：

◆表2.2　「最高氣溫」和「冰紅茶的銷售量」

	最高氣溫（°C）	冰紅茶銷售量（杯）
22日（一）	29	77
23日（二）	28	62
24日（三）	34	93
25日（四）	31	84
26日（五）	25	59
27日（六）	29	64
28日（日）	32	80
29日（一）	31	75
30日（二）	24	58
31日（三）	33	91
1日（四）	25	51
2日（五）	31	73
3日（六）	26	65
4日（日）	30	84

$$y = 3.7x - 36.4$$

y ↑ 冰紅茶銷售量　　x ↑ 最高氣溫

從上表可以看出自變數「最高氣溫」的最小值爲24°C，最大值爲34°C。

統計學上有**內插**和**外插**兩種概念。以上面的例子爲例，內插代表把24 °C以上，或34°C以下的值代入迴歸式，預測冰紅茶的單月銷售量；外插則是把未滿24°C或大於34°C的值代入迴歸式，以預測冰紅茶的單月銷售量。

不過，外插時請特別注意。舉例來說，在最高氣溫18°C時，只要把18代入迴歸式的x，就能求出「最高氣溫18°C時的冰紅茶銷售量」預測值。只要按照92頁的方法計算，就能求出預測區間。不過數學上並不能保證這些值和區間是否值得信任。

在實際分析時，許多人經常想利用外插。我認爲只要不是從事學術研究，且對於所得到的數值「未必準確」也覺得無妨，那就不妨考慮試試外插。不過，如果距離自變數的最小值和最大值太遠，外插的方法的確不妥。

✿ 6. 序列相關 ✿

本章範例中的自變數是「最高氣溫」。請大家想想，假如最高氣溫是30 °C，隔天幾乎不可能突然降到20°C，通常氣溫會經過幾天，才慢慢下降或上升，所以因變數「紅茶的銷售量」也是一樣跟著慢慢變動。

分析可能會受到時間影響的數據時，最好確定相鄰殘差的連動狀況，這種連動狀況稱爲**序列相關**，又稱爲**自我相關**。

表示序列相關程度的指標包括**杜賓瓦森序列相關統計量**（Durbin-Watson test）。

$$\frac{(\text{相鄰殘差的差})^2\text{的和}}{(\text{個別的殘差})^2\text{的和}}$$

如果數值在2左右，就當成沒有序列相關，也就可以解釋爲沒有問題。

以本章的範例而言，求杜賓瓦森序列相關統計量：

$$\frac{(-6.3-5.0)^2+(2.3-(-6.3))^2+\cdots+(8.2-4.2)^2}{5.0^2+(-6.3)^2+\cdots+8.2^2}=1.7$$

結果如上。數值接近2，可以說沒有序列相關。

✿ 7. 直線以外的迴歸式 ✿

我們在60頁談到：

> 迴歸分析是求出「迴歸式」：
>
> $$y = ax + b$$
>
> 的分析方法。

其實並不一定要求 y=ax ＋ b 這種「直線」迴歸式。舉例來說，下列這些種類也沒有問題：

- $y = \dfrac{a}{x} + b$
- $y = a\sqrt{x} + b$
- $y = ax^2 + bx + c$
- $y = a\log x + b$

實際上，在26頁出現的美羽「年齡」和「身高」的迴歸式，也不是 $y=ax+b$，而是 $y=\dfrac{a}{x}+b$。

分析者可以自行判斷該求哪一種迴歸式，基本上判斷時最好按照下列步驟：

① 先把自變數和因變數的點，畫到點座標圖上。

② 盡量找出比較符合點散布圖的迴歸式，如果既像 $y=\dfrac{a}{x}+b$ 又像 $y=a\sqrt{x}+b$，就從兩種角度求迴歸式。

③以②所求得的迴歸式當中，判定係數比較大的迴歸式，視爲「應求的迴歸式」。

在26頁出現的美羽「年齡」和「身高」的迴歸式 $y=-\frac{326.6}{x}+173.3$ 到底從何而來？請看下面的計算：

■美羽「年齡」和「身高」的迴歸式求取方法：

假設 $y=\frac{a}{x}+b$，就能把 $\frac{1}{x}=X$ 改寫成：

$$y=\frac{a}{x}+b=aX+b$$

這種「直線」方程式。

如同70頁所說，可以按照下列方法，求出迴歸式 $y=ax+b$ 的 a 和 b：

$$\begin{cases} a=\dfrac{S_{Xy}}{S_{XX}} \\ b=\bar{y}-\bar{X}a \end{cases}$$

因此，從下一頁的表 2.3 可知，

$$\begin{cases} a=\dfrac{S_{Xy}}{S_{XX}}=\dfrac{-15.9563}{0.0489}=-326.6^{\text{(注)}} \\ b=\bar{y}-\bar{X}a=138.2625-0.1072\times(-326.6)=173.3 \end{cases}$$

所以迴歸式爲：

$$y=-326.6X+173.3 \qquad y=-\frac{326.6}{x}+173.3$$

（y ↑ 身高；X ↑ $\frac{1}{\text{年齡}}$） （y ↑ 身高；x ↑ 年齡）

（注） 計算在此出現的值，結果不是－326.6而是－326.3。這是四捨五入導致的誤差。

◆表2.3　a 和 b 的計算過程

	年齡 x	年齡 $\frac{1}{x}=X$	身高 y	$X-\bar{X}$	$y-\bar{y}$	$(X-\bar{X})^2$	$(y-\bar{y})^2$	$(X-\bar{X})(y-\bar{y})$
	4	0.2500	100.1	0.1428	−38.1625	0.0204	1456.3764	−5.4515
	5	0.2000	107.2	0.0928	−31.0625	0.0086	964.8789	−2.8841
	6	0.1667	114.1	0.0595	−24.1625	0.0035	583.8264	−1.4381
	7	0.1429	121.7	0.0357	−16.5625	0.0013	274.3164	−0.5914
	8	0.1250	126.8	0.0178	−11.4625	0.0003	131.3889	−0.2046
	9	0.1111	130.9	0.0040	−7.3625	0.0000	54.2064	−0.0292
	10	0.1000	137.5	−0.0072	−0.7625	0.0001	0.5814	0.0055
	11	0.0909	143.2	−0.0162	4.9375	0.0003	24.3789	−0.0802
	12	0.0833	149.4	−0.0238	11.1375	0.0006	124.0439	−0.2653
	13	0.0769	151.6	−0.0302	13.3375	0.0009	177.8889	−0.4032
	14	0.0714	154.0	−0.0357	15.7375	0.0013	247.6689	−0.5622
	15	0.0667	154.6	−0.0405	16.3375	0.0016	266.9139	−0.6614
	16	0.0625	155.0	−0.0447	16.7375	0.0020	280.1439	−0.7473
	17	0.0588	155.1	−0.0483	16.8375	0.0023	283.5014	−0.8137
	18	0.0556	155.3	−0.0516	17.0375	0.0027	290.2764	−0.8790
	19	0.0526	155.7	−0.0545	17.4375	0.0030	304.0664	−0.9507
合計	184	1.7144	2212.2	0.0000	0.0000	0.0489	5464.4575	−15.9563
平均	11.5	0.1072	138.3			↓ S_{XX}	↓ S_{yy}	↓ S_{Xy}
		↓ $\bar{X}$	↓ $\bar{y}$					

◆第3章◆

複迴歸分析

1. 何謂複迴歸分析
謝謝你的數據！
不客氣，這點小事哪比得上妳，還特地幫學妹上課。
唉……
說來話長……
麗莎學姊……
喘
喘
啊——來了，來了！
在這兒
眞抱歉！
下課晚了……
沒關係！
沒等多久

嘻
嘻
咦……
這位是？
啊！我來
介紹。

他是我同
學風見。
請多指教！
您好！

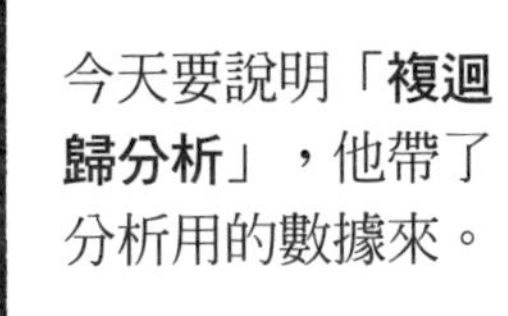
今天要說明「**複迴歸分析**」，他帶了分析用的數據來。

非常謝謝！
沒什麼，只是
舉手之勞啦！

美羽喜歡
吃牛角麵
包吧？
Croissant
對！
愛吃極了，
怎麼了？

哪一家的？
當然是風見麵
包店的最好！

風見……

難不成風見
學長……
沒錯！他就是
麵包店小開。
宮野同學～
別說得這麼
誇張啦！

現在只有十
家分店啦。
夢之丘
本店
寺井站
大樓店
曽根店
橋本街店
桔梗町店
郵局
對街店
水道町
站前店
六条站
大樓店
NEW
若葉川
河堤店
美里店
伊勢橋店
接下來可能要開
第11家分店……

別聽她胡說，
沒什麼大不了
的……
耶？可是路
上經常看得
到分店啊！

正好！

想以複迴歸分
析預測新分店
的業績！
喔喔！

只要把複迴歸分析當成「有兩個以上的自變數的迴歸分析」就行了。

不過，取代迴歸式，複迴歸分析求的是**「複迴歸式」**！

複迴歸式

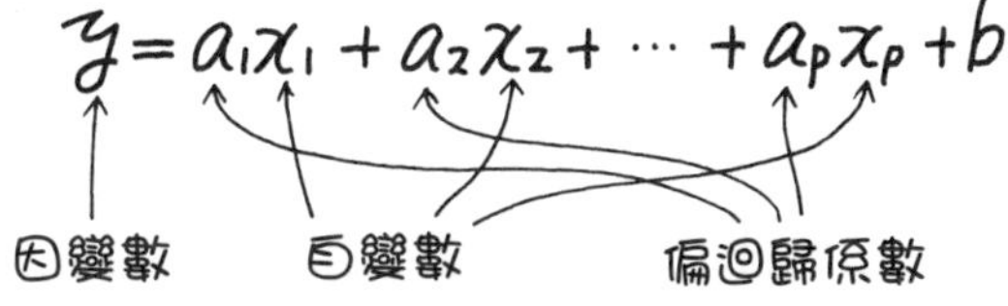

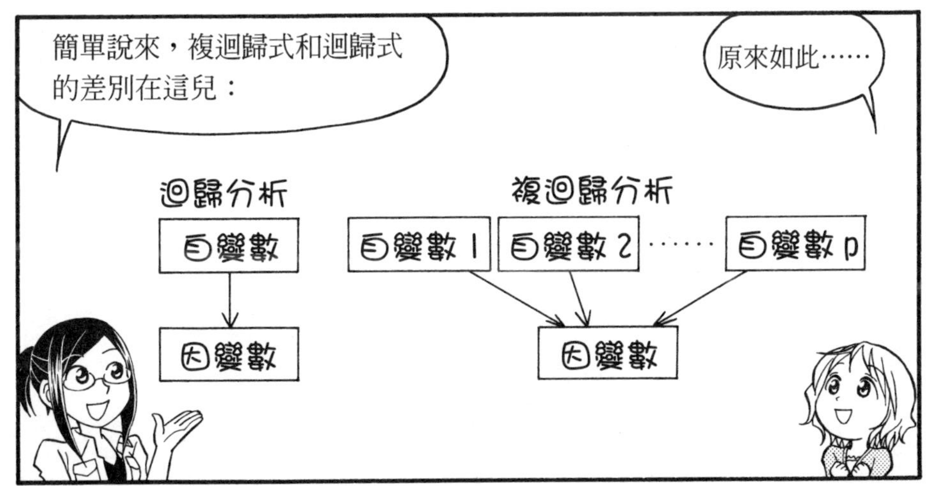

✿ 2. 複迴歸分析的具體範例 ✿

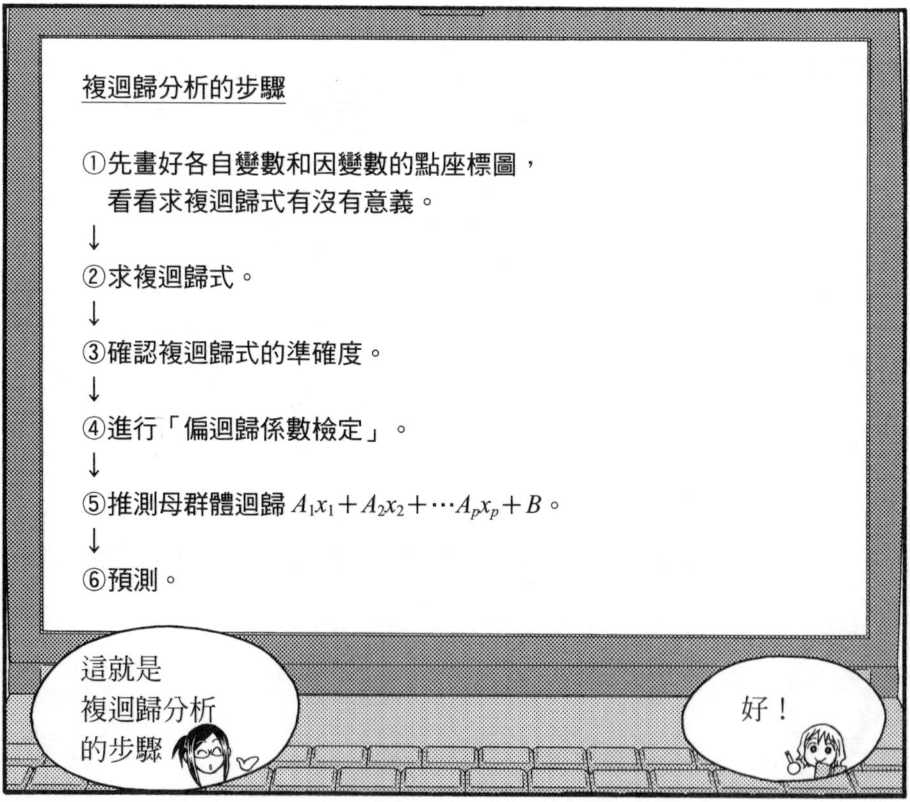

<u>複迴歸分析的步驟</u>

①先畫好各自變數和因變數的點座標圖，
看看求複迴歸式有沒有意義。

↓

②求複迴歸式。

↓

③確認複迴歸式的準確度。

↓

④進行「偏迴歸係數檢定」。

↓

⑤推測母群體迴歸 $A_1x_1 + A_2x_2 + \cdots A_px_p + B$。

↓

⑥預測。

這就是複迴歸分析的步驟

好！

①先畫好各自變數和因變數的點座標圖，
看看求複迴歸式有沒有意義

	店面面積（坪）	與車站的距離（公尺）	單月銷售量（萬日圓）
夢之丘本店	10	80	469
寺井站大樓店	8	0	366
曾根店	8	200	371
橋本街店	5	200	208
桔梗町店	7	300	246
郵局對街店	8	230	297
水道町站前店	7	40	363
六条站大樓店	9	0	436
若葉川河堤店	6	330	198
美里店	9	180	364

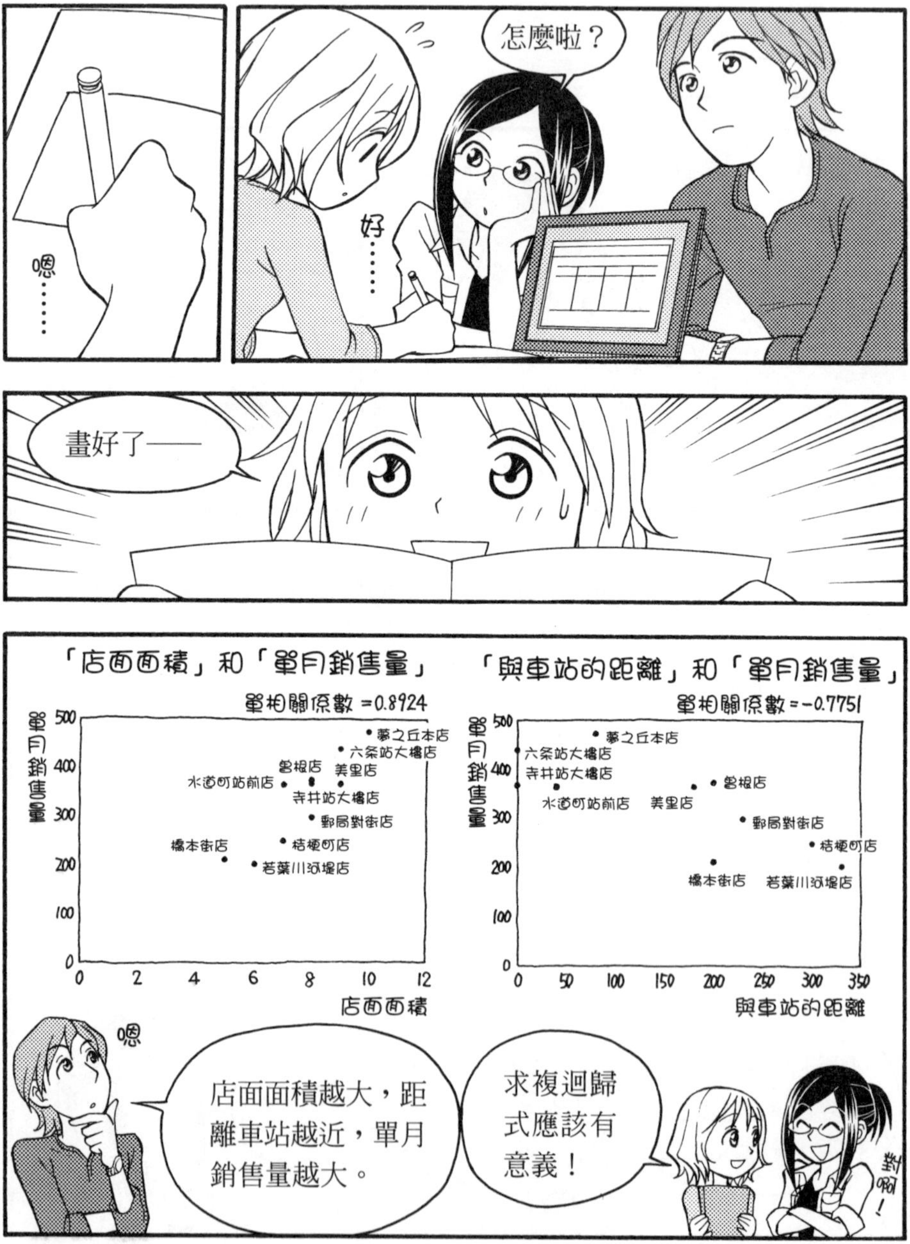

畫好了——

「店面面積」和「單月銷售量」

單相關係數 =0.8924

店名	店面面積	單月銷售量
夢之丘本店		
六条站大樓店		
曽根店		
美里店		
水道町站前店		
寺井站大樓店		
郵局對街店		
桔梗町店		
橋本街店		
若葉川河堤店		

「與車站的距離」和「單月銷售量」

單相關係數 =−0.7751

嗯

店面面積越大，距離車站越近，單月銷售量越大。

求複迴歸式應該有意義！

對啊！

② 求複迴歸式

求複迴歸式的計算方法和迴歸式幾乎一樣。
以「**最小平方法**」求偏迴歸係數。
喔？

換句話說，大概是這樣……

先求殘差平方 S_e
$S_e=\{469-(a_1\times 10+a_2\times 80+b)\}^2$
$+\{366-(a_1\times 8+a_2\times 0+b)\}^2$
$+\cdots$
$+\{364-(a_1\times 9+a_2\times 180+b)\}^2$

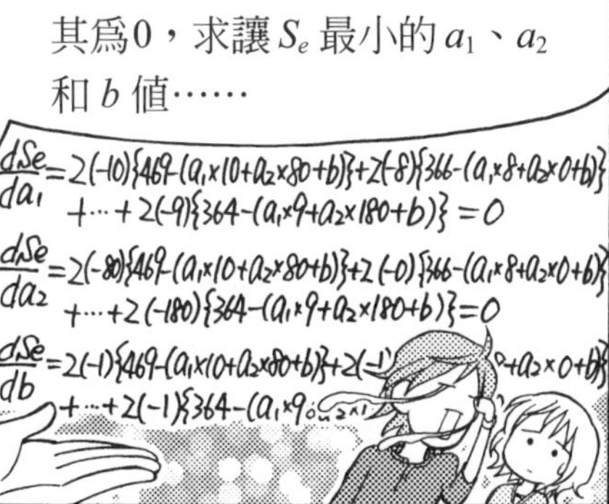
然後對 a_1、a_2 和 b 微分，使其為0，求讓 S_e 最小的 a_1、a_2 和 b 值……
$\frac{dS_e}{da_1}=2(-10)\{469-(a_1\times 10+a_2\times 80+b)\}+2(-8)\{366-(a_1\times 8+a_2\times 0+b)\}$
$+\cdots+2(-9)\{364-(a_1\times 9+a_2\times 180+b)\}=0$
$\frac{dS_e}{da_2}=2(-80)\{469-(a_1\times 10+a_2\times 80+b)\}+2(-0)\{366-(a_1\times 8+a_2\times 0+b)\}$
$+\cdots+2(-180)\{364-(a_1\times 9+a_2\times 180+b)\}=0$

只要依照順序計算就可以了……
聽起來很辛苦……

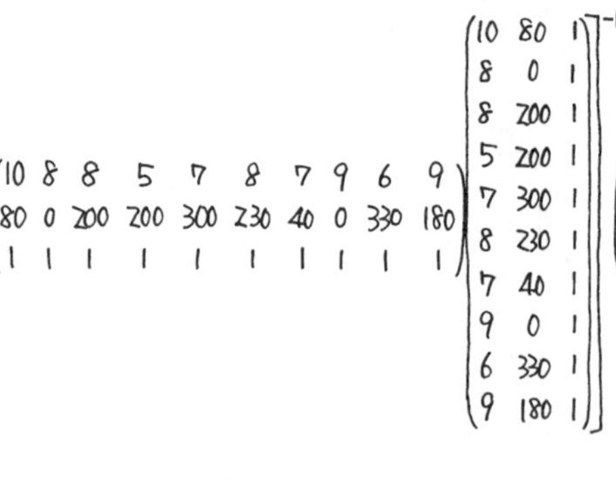

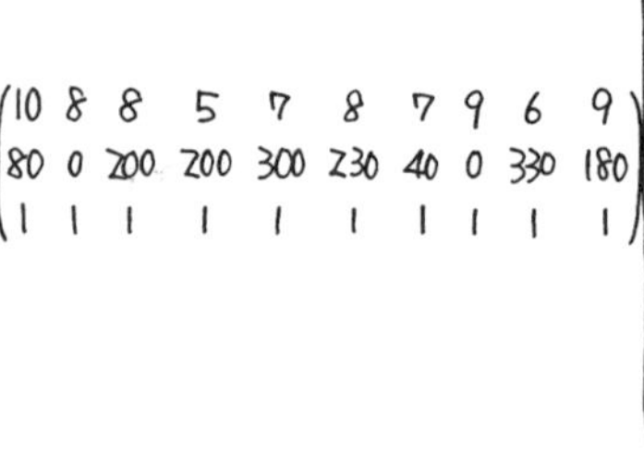

$$\left[\begin{pmatrix}10&8&8&5&7&8&7&9&6&9\\80&0&200&200&300&230&40&0&330&180\\1&1&1&1&1&1&1&1&1&1\end{pmatrix}\begin{pmatrix}10&80&1\\8&0&1\\8&200&1\\5&200&1\\7&300&1\\8&230&1\\7&40&1\\9&0&1\\6&330&1\\9&180&1\end{pmatrix}\right]^{-1}\begin{pmatrix}10&8&8&5&7&8&7&9&6&9\\80&0&200&200&300&230&40&0&330&180\\1&1&1&1&1&1&1&1&1&1\end{pmatrix}\begin{pmatrix}469\\366\\371\\208\\246\\297\\363\\436\\198\\364\end{pmatrix}$$

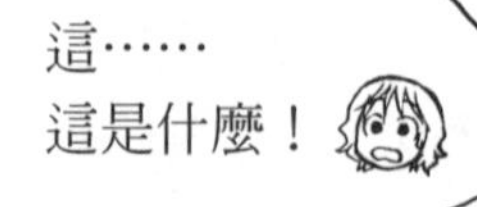

$$
\left[
\begin{pmatrix}
10 & 8 & 8 & 5 & 7 & 8 & 7 & 9 & 6 & 9 \\
80 & 0 & 200 & 200 & 300 & 230 & 40 & 0 & 330 & 180 \\
1 & 1 & 1 & 1 & 1 & 1 & 1 & 1 & 1 & 1
\end{pmatrix}
\begin{pmatrix}
10 & 80 & 1 \\
8 & 0 & 1 \\
8 & 200 & 1 \\
5 & 200 & 1 \\
7 & 300 & 1 \\
8 & 230 & 1 \\
7 & 40 & 1 \\
9 & 0 & 1 \\
6 & 330 & 1 \\
9 & 180 & 1
\end{pmatrix}
\right]^{-1}
\begin{pmatrix}
10 & 8 & 8 & 5 & 7 & 8 & 7 & 9 & 6 & 9 \\
80 & 0 & 200 & 200 & 300 & 230 & 40 & 0 & 330 & 180 \\
1 & 1 & 1 & 1 & 1 & 1 & 1 & 1 & 1 & 1
\end{pmatrix}
\begin{pmatrix}
469 \\ 366 \\ 371 \\ 208 \\ 246 \\ 297 \\ 363 \\ 436 \\ 198 \\ 364
\end{pmatrix}
$$

店面面積

與車站的距離

為了方便計算，求複迴歸式時，這裡必須都是 1

單月銷售量

這些數字各有各的意思喔！

真拿你沒辦法！

自變數	偏迴歸係數	
店面面積	a_1	41.5
與車站的距離	a_2	−0.3
常數項	b	65.3

喀

噠

哇！

※計算方法請看 205 頁

③ 確認複迴歸式的準確度

實測值 y 和預測值 $\hat{y}$ 的單相關係數是複相關係數 R，平方之後就是判定係數 R^2

	實測值 y	預測值 $\hat{y}=41.5x_1-0.3x_2+65.3$	$y-\bar{y}$	$\hat{y}-\bar{\hat{y}}$	$(y-\bar{y})^2$	$(\hat{y}-\bar{\hat{y}})^2$	$(y-\bar{y})(\hat{y}-\bar{\hat{y}})$	$(y-\hat{y})^2$
夢之丘本店	469	453.2	137.2	121.4	18823.8	14735.1	16654.4	250.0
寺井站大樓店	366	397.4	34.2	65.6	1169.6	4307.5	2244.6	988.0
曾根店	371	329.3	39.2	−2.5	1536.6	6.5	−99.8	1742.6
橋本街店	208	204.7	−123.8	−127.1	15326.4	16150.7	15733.2	10.8
桔梗町店	246	253.7	−85.8	−78.1	7361.6	6106.9	6705.0	58.6
郵局對街店	297	319.0	−34.8	−12.8	1211.0	163.1	444.4	485.3
水道町站前店	363	342.3	31.2	10.5	973.4	109.9	327.1	429.2
六条站大樓店	436	438.9	104.2	107.1	10857.6	11480.1	11164.5	8.7
若葉川河堤店	198	201.9	−133.8	−129.9	17902.4	16870.5	17378.8	15.3
美里店	364	377.6	32.2	45.8	1036.8	2096.4	1474.3	184.6
總計	3318	3318	0	0	**76199.6**	**72026.6**	**72026.6**	4173.0
平均	331.8	331.8						
	↓ $\bar{y}$	↓ $\bar{\hat{y}}$			↓ S_{yy}	↓ $S_{\hat{y}\hat{y}}$	↓ $S_{y\hat{y}}$	↓ S_e

這和複相關係數 R 的計算過程無關，不過後面需要用到，所以先計算結果。

・複相關係數 R

$$R=\frac{y\text{和}\hat{y}\text{的離差積項和}}{\sqrt{y\text{的離差平方和}\times\hat{y}\text{的離差平方和}}}=\frac{S_{y\hat{y}}}{\sqrt{S_{yy}\times S_{\hat{y}\hat{y}}}}$$

$$=\frac{72026.6}{\sqrt{76199.6\times72026.6}}=\mathbf{0.9722}$$

・判定係數 R^2

$$R^2=(0.9722)^2=\mathbf{0.9452}$$

※有關 $S_{1y}, S_{2y}, \cdots, S_{py}$ 的觀念請參考138頁。

比方說，如果在剛才的數據加上「店長的年齡」。

	店面面積（坪）	與車站的距離（公尺）	店長的年齡（歲）	單月銷售量（萬日圓）
夢之丘本店	10	80	42	469
寺井站大樓店	8	0	29	366
曾根店	8	200	33	371
橋本街店	5	200	41	208
桔梗町店	7	300	33	246
郵局對街店	8	230	35	297
水道町站前店	7	40	40	363
六条站大樓店	9	0	46	436
若葉川河堤店	6	330	44	198
美里店	9	180	34	364

自變數從2個變3個

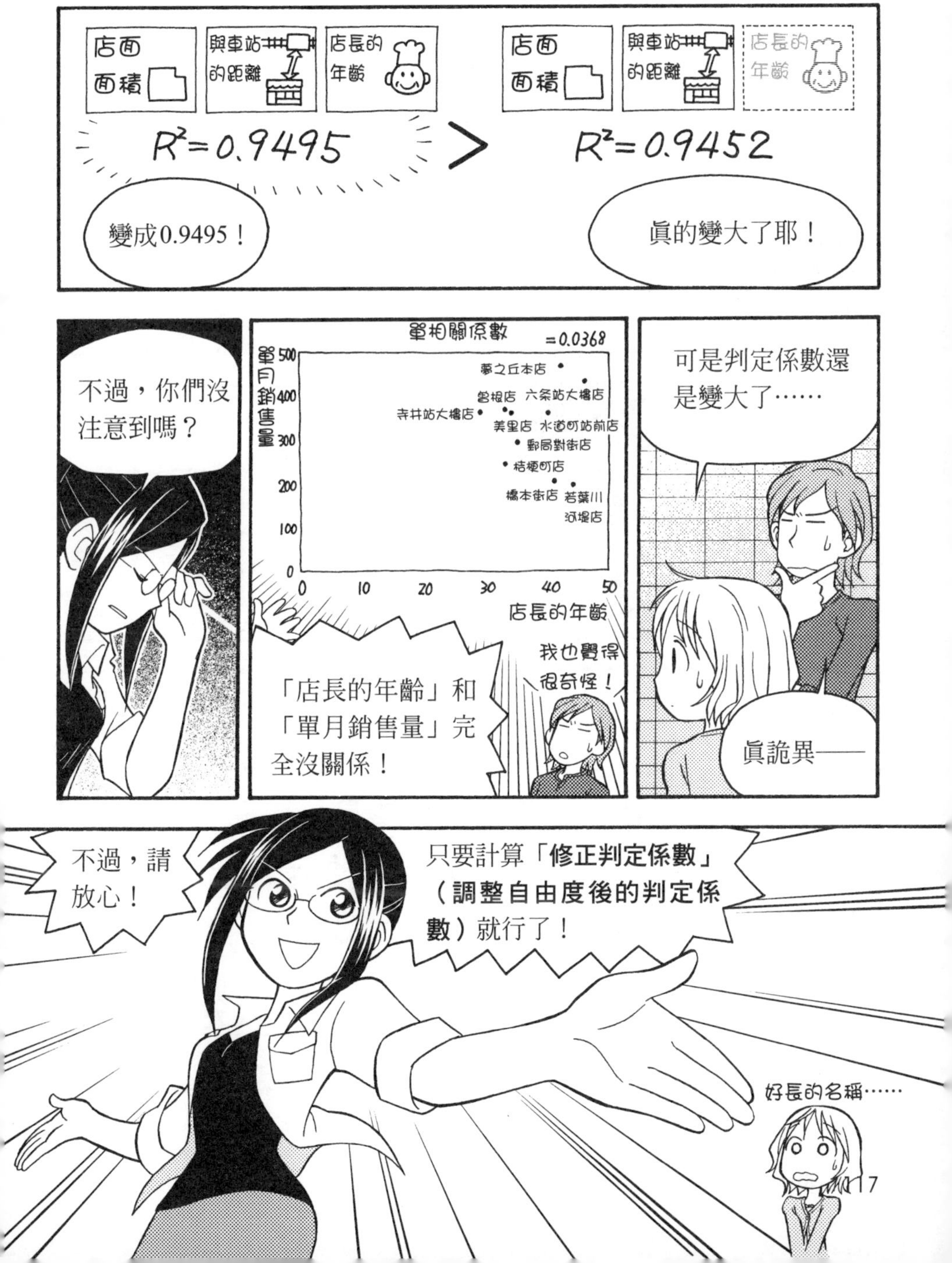

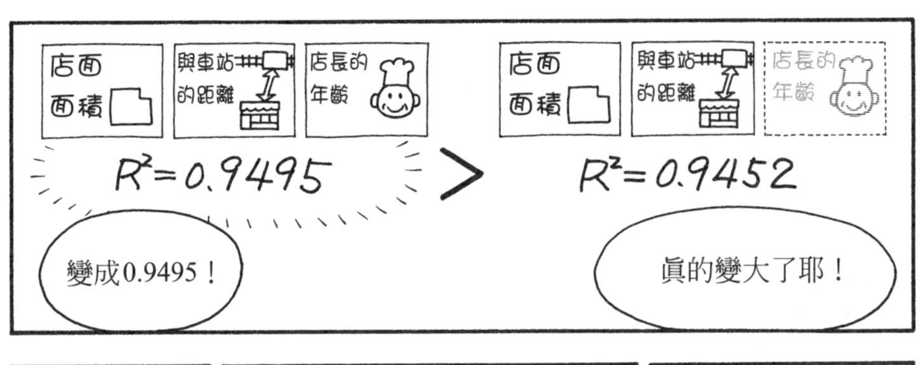

不過，你們沒注意到嗎？

單相關係數 =0.0368

單月銷售量

500
400
300
200
100
0

夢之丘本店
曾根店
六条站大樓店
寺井站大樓店
美里店
水道町站前店
郵局對街店
桔梗町店
橋本街店
若葉川河堤店

0 10 20 30 40 50

店長的年齡

「店長的年齡」和「單月銷售量」完全沒關係！

我也覺得很奇怪！

可是判定係數還是變大了……

眞詭異——

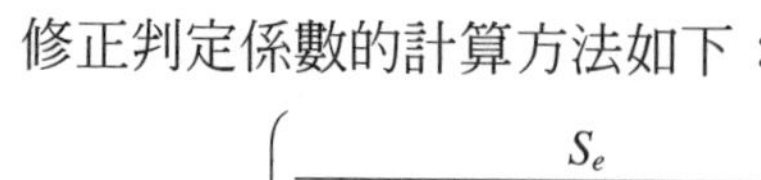

修正判定係數的計算方法如下：

$$R^{*2} = 1 - \frac{\left(\dfrac{S_e}{\text{個體的個數}-\text{自變數的個數}-1}\right)}{\left(\dfrac{S_{yy}}{\text{個體的個數}-1}\right)}$$

美羽！妳算算看不含「店長的年齡」和包含「店長的年齡」的修正判定係數！

先看只有「店面面積」和「與車站的距離」的情況……

① 只有「店面面積」和「與車站的距離」的情況

• 判定係數 R^2 是：0.9452

• 修正判定係數 R^{*2} 是：

$$1 - \frac{\left(\dfrac{S_e}{\text{個體的個數}-\text{自變數的個數}-1}\right)}{\left(\dfrac{S_{yy}}{\text{個體的個數}-1}\right)}$$

$$= 1 - \frac{\left(\dfrac{4173.0}{10-2-1}\right)}{\left(\dfrac{76199.6}{10-1}\right)} = 0.9296$$

這是答案

接下來看看有「店面面積」、「與車站的距離」和「店長的年齡」的情況……

麗莎學姊剛才已經算過判定係數。

店面面積　與車站的距離　店長的年齡

$R^2=0.9495$

對，等於0.9495。

這時候 S_{yy} 和 S_e 等於多少？

S_{yy}和只有「店面面積」和「與車站的距離」的情況一樣。

② 有「店面面積」、「與車站的距離」和「店長的年齡」的情況

・判定係數 R^2 是：0.9495

・修正判定係數 R^{*2} 是

$$1-\frac{\left(\dfrac{S_e}{\text{個體的個數}-\text{自變數的個數}-1}\right)}{\left(\dfrac{S_{yy}}{\text{個體的個數}-1}\right)}$$

$$=1-\frac{\left(\dfrac{3846.4}{10-3-1}\right)}{\left(\dfrac{76199.6}{10-1}\right)}=0.9243$$

算好了！

不追加「店長的年齡」①的情況，修正判定係數 R^{*2} 比較大！

	①「店面面積」和「與車站的距離	②「店面面積」、「與車站的距離」和「店長的年齡」
R^2	0.9452	< 0.9495
R^{*2}	0.9296	> 0.9243

真的！

怎麼樣？
R^{*2} 比 R^2 合理吧！

咦？

不管是①或②，修正判定係數 R^{*2} 都比判定係數 R^2 小

	①「店面面積」和「與車站的距離	②「店面面積」、「與車站的距離」和「店長的年齡」
R^2	0.9452	0.9495
	V	V
R^{*2}	0.9296	0.9243

還有
進行複迴歸分析時也得推測母群體的狀況。

「迴歸係數檢定」和推測母群體迴歸？
在複迴歸分析時，稱為「偏迴歸係數檢定」。

嗯……必須相信某項假設成立。
嘿！
回想當初做迴歸分析的前提！

對！複迴歸分析也一樣！
～假設～
～假設～
「店面面積 x_1 坪，
距離車站 x_2 公尺的
情況下的單月銷售量」
符合平均為 $A_1x_1 + A_2x_2 + B$，
標準差為 σ 的常態分布。
這個假設成立的話，就更有自信繼續分析囉。

④ 進行「偏迴歸係數檢定」

證明過程很難，在此省略。就統計學觀點而言，A_1、A_2、B、σ 符合這些性質：

求得的迴歸式是：

$$y=a_1x_1+a_2x_2+b$$

- A_1 大約等於 a_1
- A_2 大約等於 a_2
- B 大約等於 b
- σ 大約等於 $\sqrt{\dfrac{Se}{\text{個體的個數}-\text{自變數的個數}-1}}$

複迴歸式是：$y=41.5x_1-0.3x_2+65.3$

所以結果應該是：

- A_1 大約等於 41.5
- A_2 大約等於－0.3
- B 大約等於 65.3
- σ 大約等於 $\sqrt{\dfrac{4173.0}{10-2-1}}=24.4$

沒錯！

一種是「整體檢定偏迴歸係數」……

虛無假設	$A_1=A_2=0$
對立假設	$A_1=A_2=0$ 不成立。也就是下列其中之一成立： • $A_1\neq 0$ 且 $A_2\neq 0$ • $A_1\neq 0$ 且 $A_2=0$ • $A_1=0$ 且 $A_2\neq 0$

另一種是「個別檢定偏迴歸係數」。

虛無假設	$A_i=0$
對立假設	$A_i\neq 0$

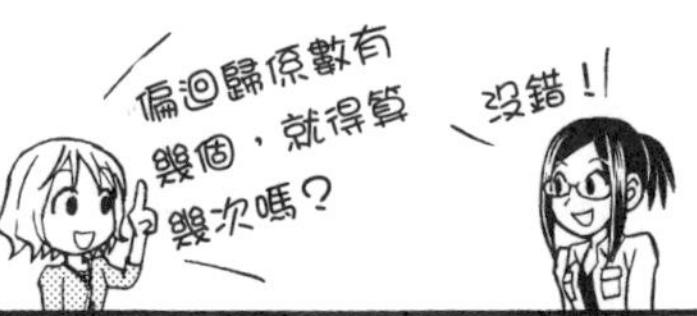

先看「整體檢定偏迴歸係數」！

步驟 1	定義母群體。	把「店面面積 x_1 坪，距離車站 x_2 公尺的情況下的單月銷售量」視為母群體。
步驟 2	設定虛無假設和對立假設。	虛無假設「$A_1=A_2=0$」。 對立假設「$A_1=A_2=0$不成立」。
步驟 3	選擇使用哪種「檢定」方法。	進行「整體檢定偏迴歸係數」。
步驟 4	決定信賴水準。	信賴水準為95%。
步驟 5	從樣本數據求檢定統計量。	我們要進行「整體檢定偏迴歸係數」。 「整體檢定偏迴歸係數」的檢定統計量等於： $\dfrac{S_{yy}-S_e}{\text{自變數的個數}} \div \dfrac{S_e}{\text{個體的個數}-\text{自變數的個數}-1}$ 例題的檢定統計量等於： $\dfrac{76199.6-4173.0}{2} \div \dfrac{4173.0}{10-2-1} = 60.4$ 在這道例題中，假如虛無假設為真，檢定統計量會符合第一自由度為2（＝自變數的個數）、第二自由度為7（＝個體的個數－自變數的個數－1）的 F 分布。
步驟 6	確定步驟5求得的檢定統計量對應的 P 值是否小於（1－信賴水準）。	信賴水準為95%。因為檢定統計量等於60.4，所以 P 值等於0.00004。 $0.00004 < 0.05$，所以 P 值比較小。
步驟 7	如果在步驟6，P 值小於（1－信賴水準），結論是「對立假設正確」。如果 P 值不小於（1－信賴水準），結論是「不能說虛無假設錯」。	P 值小於0.05（1－信賴水準），所以對立假設「$A_1=A_2=0$不成立」是正確的。

再看「個別檢定偏迴歸係數」！
以 A_1 為例！

步驟 1	定義母群體。	把「店面面積 x_1 坪，距離車站 x_2 公尺的情況下的單月銷售量」視為母群體。
步驟 2	設定虛無假設和對立假設。	虛無假設「$A_1=0$」。 對立假設「$A_1\neq0$」。
步驟 3	選擇使用哪種「檢定」方法。	進行「個別檢定偏迴歸係數」。
步驟 4	決定信賴水準。	信賴水準為95%。
步驟 5	從樣本數據求檢定統計量。	我們要進行「個別檢定偏迴歸係數」。 「個別檢定偏迴歸係數」的檢定統計量等於： $\frac{a_1^2}{S^{11}}\div\frac{S_e}{\text{個體的個數}-\text{自變數的個數}}$※ 例題的檢定統計量等於： $\frac{41.5^2}{0.0657}\div\frac{4173.0}{10-2-1}=44.0$ 在這道例題中，假如虛無假設為真，檢定統計量會符合第一自由度為1、第二自由度為7（＝個體的個數－自變數的個數－1）的 F 分布。
步驟 6	確定步驟5求得的檢定統計量對應的 P 值是否小於（1－信賴水準）。	信賴水準為95%。因為檢定統計量等於44.0，所以P 值等於0.0003。 $0.0003<0.05$，所以 P 值比較小。
步驟 7	如果在步驟6，P值小於（1－信賴水準），結論是「對立假設正確」。如果P值不小於（1-信賴水準），結論是「不能說虛無假設錯」。	P值小於0.05（1－信賴水準），所以對立假設「$A_1\neq0$」正確。

※有關S^{11}的求法，請看下一頁。

不管步驟7的結果為何，通常「只要檢定統計量：

$$\frac{a_i^2}{S_{ii}}\div\frac{S_e}{\text{個體的個數}-\text{說明變數的個數}-1}$$

的值在2以上，

代表和該偏迴歸係數對應的自變數有助於預測因變數」。

步驟 5 的「S^{11}」如下：

$$
\left[
\begin{pmatrix}
10 & 8 & 8 & 5 & 7 & 8 & 7 & 9 & 6 & 9 \\
80 & 0 & 200 & 200 & 300 & 230 & 40 & 0 & 330 & 180 \\
1 & 1 & 1 & 1 & 1 & 1 & 1 & 1 & 1 & 1
\end{pmatrix}
\begin{pmatrix}
10 & 80 & 1 \\
8 & 0 & 1 \\
8 & 200 & 1 \\
5 & 200 & 1 \\
7 & 300 & 1 \\
8 & 230 & 1 \\
7 & 40 & 1 \\
9 & 0 & 1 \\
6 & 330 & 1 \\
9 & 180 & 1
\end{pmatrix}
\right]^{-1}
=
\begin{pmatrix}
0.0657 & \cdots & \cdots \\
\cdots & 0.00001 & \cdots \\
\cdots & \cdots & \cdots
\end{pmatrix}
$$

店面面積

與車站的距離

為了方便計算，求複迴歸式時，這裡必須都是 1

這是「S_{22}」

有些書不說明 F 分布，而是說明基於 t 分布的「偏迴歸係數檢定」。
相關數學知識太難，在此略過細節，可是不管根據哪一種分布，最終的結果都一樣。

⑤推測母群體迴歸 $A_1x_1 + A_2x_2 + \cdots + A_px_P + B$

那就熬夜計算吧！
還是算了吧——
這樣啊！？
真假？
我贊成集訓！
遵命！
不可以睡著！
要不要玩枕頭戰？

電腦萬能♡
這次就利用電腦軟體求信賴區間好了。

只有必要的時候才用嘛！別這麼計較！
太依賴電腦，反而學不到東西。

啊
哈哈
別太得意忘形！

試著求母群體迴歸
$A_1 \times 10 + A_2 \times 80 + B$
的信賴區間吧！
信賴水準
爲95%

專心一起看！
對不起

453.2加減34.9
※求法請看 138 頁

具體說來……
453.2+34.9
和
453.2−34.9
……

代表在信賴水準爲 95%的情況下，母群體迴歸 $A_1 \times 10 + A_2 \times 80 + B$ 介於 418.3 萬日圓和 488.1 萬日圓之間？
沒錯！

⑥預測

這是接下來新分店的數據。

	店面面積（坪）	與車站的距離（公尺）
伊勢橋店	10	110

真開心！離我家很近！

$$y = 41.5x_1 - 0.3x_2 + 65.3$$
$$= 41.5 \times 10 - 0.3 \times 110 + 65.3$$
$$= \underline{447.3}$$

嗯……等於447.3！

謝謝！小羽！

不……都多虧學姊……

那個……馬什麼的……？
什麼距離的……
噗

求預測區間時，需要用到馬氏距離。
你們兩個要記住這個名稱

這也用軟體計算吧！
不必集訓了……

好啦好啦！
嗯……信賴水準95%……
375.1以上，510.9以下。
原來如此～

新分店怎麼樣？
嗯！看起來還不錯的樣子——
感謝二位！
我才該說謝謝呢
等等！還沒完呢！

最後我要介紹
「求更好的複迴
歸式的方法」！

什麼？

有更好的方
法，幹嘛不
早點說~~~~
先別急，耐
心聽。

複迴歸分析和迴歸分
析一樣，不管數據如
何，都能靠數學方法
求得複迴歸式。

即使有和因變數無關
的自變數也無妨，例
如，剛才舉過的「店
長年齡」。
店長年齡
天花板高度
用餐座位數
餐盤數量
沒錯！

可是自變數越
多，計算過程越
麻煩，對吧？
這個因素、那個因素
好像都和銷售量有關，
怎麼辦~~~~
自變數
x_1 x_2 x_3
x_4 x_5 x_6
x_7 x_8 x_9

對於分析者來說，「更好的複迴歸式」簡單說就是「自變數個數少，而且準確度高的複迴歸式」。

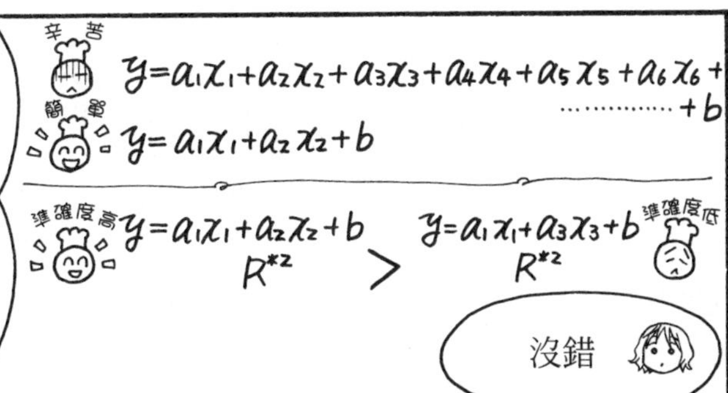

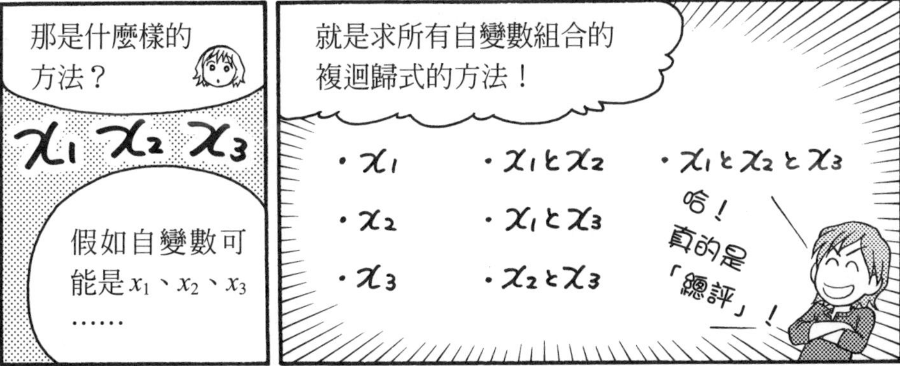

就像這樣：

喔！

	a_1	a_2	a_3	b	修正判定係數
1	54.9			–91.3	0.7709
2		–0.6		424.8	0.5508
3			0.6	309.1	0.0000
1和2	41.5	–0.3		65.3	0.9296
1和3	55.6		2.0	–170.1	0.7563
2和3		–0.6	–0.4	438.9	0.4873
1和2和3	42.2	–0.3	1.1	17.7	0.9243

自變數爲 1 和 2，也就是自變數爲「店面面積」和「與車站的距離」時的複迴歸式，爲：$y=41.5x_1-0.3x_2+65.3$。

怎麼樣？
美羽！

了解複迴歸
分析了嗎？
嗯！謝謝！
我也學了
不少。

請未來的準店長付
數據分析費……
瞄……

讓他請我們吃
牛角麵包吧！
耶？
這樣可以嗎？
好好好，
我請客！

吃飽喝足再
回家吧～！
？
小羽！
小羽！

那傢伙很不
錯吧？

那當然！
你們兩個
快點～

✿ 3. 關於「複迴歸分析步驟」的注意事項 ✿

下圖是106頁出現過的「複迴歸分析步驟」：

①先把每個自變數和因變數的點畫到點座標圖上，看看求複迴歸式有沒有意義。
↓
②求複迴歸式。
↓
③確認複迴歸式的準確度。
↓
④進行「偏迴歸係數檢定」。
↓
⑤推測母群體迴歸 $A_1x_1 + A_2x_2 + \cdots + A_px_p + B$。
↓
⑥預測。

◆圖3.1　複迴歸分析步驟

之前我的說明聽起來似乎①到⑤的步驟都缺一不可，事實上並非如此。複迴歸分析就像迴歸分析一樣，有時候只需要步驟①到③。

不過，本章範例中的風見麵包店只有十家分店，而店面面積爲10坪、離車站80公尺的分店只有「夢之丘」。可是故事中的主人翁麗莎卻以母群體迴歸 $A_1 \times 10 + A_2 \times 80 + B$，進行「偏迴歸係數檢定」，有些讀者應該會覺得奇怪。其實，麗莎是做了下列解釋才進行分析：

> 今後會有很多分店的店面面積爲 10 坪、離車站 80 公尺，不過，這次碰巧從這些分店之中選出「夢之丘」。

她的解釋的確有瑕疵，我也認爲太過牽強。嚴格說來，考慮風見麵包店受歡迎的程度，這種解釋也未必「毫無可能」，不過也不需要用到母群體迴歸和「檢定」，只要從敘述統計學的觀點分析這個例子就行了。

✿ 4. 標準化殘差 ✿

就像迴歸分析一樣，複迴歸分析也需要計算**標準化殘差**。複迴歸分析的標準化殘差是：

$$\frac{\text{殘差}}{\sqrt{\dfrac{\text{殘差平方和}}{\text{個體個數}-\text{自變數個數}-1}}}=\frac{y-\hat{y}}{\sqrt{\dfrac{S_e}{\text{個體個數}-\text{自變數個數}-1}}}$$

本章範例的標準化殘差如下：

◆表3.1　本章範例的標準化殘差

	店面面積 x_1	與車站的距離 x_2	單月銷售量 y	單月銷售量 $\hat{y}=41.5x_1-0.3x_2+65.3$	殘差 $y-\hat{y}$	標準化殘差 $\frac{y-\hat{y}}{\sqrt{\frac{4173.0}{10-2-1}}}$
夢之丘本店	10	80	469	453.2	15.8	0.6
寺井站大樓店	8	0	366	397.4	−31.4	−1.3
曾根店	8	200	371	329.3	41.7	1.7
橋本街店	5	200	208	204.7	3.3	0.1
桔梗町店	7	300	246	253.7	−7.7	−0.3
郵局對街店	8	230	297	319.0	−22.0	−0.9
水道町站前店	7	40	363	342.3	20.7	0.8
六条站大樓店	9	0	436	438.9	−2.9	−0.1
若葉川河堤店	6	330	198	201.9	−3.9	−0.2
美里店	9	180	364	377.6	−13.6	−0.6

$$\frac{-13.6}{\sqrt{\frac{4173.0}{10-2-1}}}=-0.6$$

標準化殘差的絕對值越大，代表該個體和其他個體的性質差異越大。如果標準化殘差的絕對值超過3，最好把該個體排除在外，再進行複迴歸分析。

✿ 5. 馬氏距離和複迴歸分析的信賴區間和預測區間 ✿

如127頁和131頁所說，計算複迴歸分析的信賴區間和預測區間，需要用到**馬氏距離**。馬氏距離是從新的角度思考而得出的距離，不同於我們在國中、高中學到的「普通」的距離——**歐式距離**。

有些讀者應該會問：「為什麼要特別設定這種距離？」我想回答，可惜礙於篇幅，而且這部分的內容和本書的大方向無關，因此省略不談。總之，馬氏距離在統計學上非常重要，至少必須了解馬氏距離大致的概念。馬氏距離（Mahalanobis distance）的名稱來自於數學家Prasanta Chandra Mahalanobis 的名字。

接著進入本節的主題，說明求複迴歸分析信賴區間的步驟，以及129頁「夢之丘本店」信賴區間的計算過程。

步驟1

求 $\begin{pmatrix} S_{11} & S_{12} & \cdots & S_{1p} \\ S_{21} & S_{22} & \cdots & S_{2p} \\ \cdots & \cdots & \ddots & \cdots \\ S_{p1} & S_{p2} & \cdots & S_{pp} \end{pmatrix}$ 的反矩陣 $\begin{pmatrix} S_{11} & S_{12} & \cdots & S_{1p} \\ S_{21} & S_{22} & \cdots & S_{2p} \\ \cdots & \cdots & \ddots & \cdots \\ S_{p1} & S_{p2} & \cdots & S_{pp} \end{pmatrix}^{-1} = \begin{pmatrix} S^{11} & S^{12} & \cdots & S^{1p} \\ S^{21} & S^{22} & \cdots & S^{2p} \\ \cdots & \cdots & \ddots & \cdots \\ S^{p1} & S^{p2} & \cdots & S^{pp} \end{pmatrix}$

假如「S_{22}」代表「第二個自變數的離差平方和」。「S_{25}」代表「第二個自變數和第五個自變數的離差積項和」，等於「S_{52}」。

$$\begin{pmatrix} S_{11} & S_{12} \\ S_{21} & S_{22} \end{pmatrix}^{-1} = \begin{pmatrix} S^{11} & S^{12} \\ S^{21} & S^{22} \end{pmatrix} = \begin{pmatrix} 20.1 & -792 \\ -792 & 128840 \end{pmatrix}^{-1} = \begin{pmatrix} 0.0657 & 0.0004 \\ 0.0004 & 0.00001 \end{pmatrix}$$

在此求的 S^{11} 和 S^{22} 的值，和 126 頁一致。不只這個例子如此，在其他情況下，這種關係也成立。

・$\begin{pmatrix} S_{11} & S_{12} & \cdots & S_{1p} \\ S_{21} & S_{22} & \cdots & S_{2p} \\ \cdots & \cdots & \ddots & \cdots \\ S_{p1} & S_{p2} & \cdots & S_{pp} \end{pmatrix}^{-1}$ 的 S^{ii} 和 S^{ij} 的值

「個別檢定偏迴歸係數」求得的 S^{ii} 和 S^{ij} 一定會相等。

步驟2

求「馬氏距離的平方」：

$$
\begin{aligned}
D^2 = \{ & (x_1-\bar{x}_1)(x_1-\bar{x}_1)S^{11} + (x_1-\bar{x}_1)(x_2-\bar{x}_2)S^{12} + \cdots + (x_1-\bar{x}_1)(x_p-\bar{x}_p)S^{1p} \\
& +(x_2-\bar{x}_2)(x_1-\bar{x}_1)S^{21} + (x_2-\bar{x}_2)(x_2-\bar{x}_2)S^{22} + \cdots + (x_2-\bar{x}_2)(x_p-\bar{x}_p)S^{2p} \\
& \cdots\cdots\cdots\cdots\cdots\cdots\cdots\cdots\cdots\cdots \\
& +(x_p-\bar{x}_p)(x_1-\bar{x}_1)S^{p1} + (x_p-\bar{x}_p)(x_2-\bar{x}_2)S^{p2} + \cdots + (x_p-\bar{x}_p)(x_p-\bar{x}_p)S^{pp} \} \text{（個體的個數}-1\text{）}
\end{aligned}
$$

$$
\begin{aligned}
D^2 &= \{(x_1-\bar{x}_1)(x_1-\bar{x}_1)S^{11} + (x_1-\bar{x}_1)(x_2-\bar{x}_2)S^{12} \\
&\quad + (x_2-\bar{x}_2)(x_1-\bar{x}_1)S^{21} + (x_2-\bar{x}_2)(x_2-\bar{x}_2)S^{22}\} \text{（數據的個數}-1\text{）} \\
&= \{(10-7.7)(10-7.7)\times 0.0657 + (10-7.7)(80-156)\times 0.0004 \\
&\quad + (80-156)(10-7.7)\times 0.0004 + (80-156)(80-156)\times 0.00001\}(10-1) \\
&= 2.4
\end{aligned}
$$

步驟3

求信賴區間。

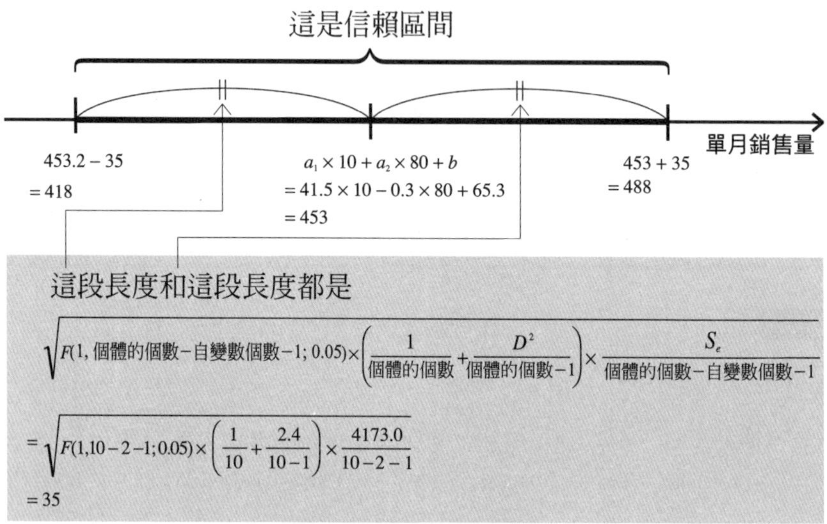

求預測區間時和迴歸分析一樣，範圍不是：

$$\sqrt{F(1, 個體的個數-自變數個數-1; 0.05)\times\left(\frac{1}{個體的個數}+\frac{D^2}{個體的個數-1}\right)\times\frac{S_e}{個體的個數-自變數個數-1}}$$

而是

$$\sqrt{F(1, 個體的個數-自變數個數-1; 0.05)\times\left(1+\frac{1}{個體的個數}+\frac{D^2}{個體的個數-1}\right)\times\frac{S_e}{個體的個數-自變數個數-1}}$$

在信賴水準99%的情況下：

只是把 $F(1, 個體的個數-自變數個數-1; 0.05) = F(1, 10-2-1; 0.05) = 5.6$ 的部分改為：

$F(1, 個體的個數-自變數個數-1; 0.01) = F(1, 10-2-1; 0.01) = 12.2$

✿ 6. 自變數當中有「不可測量」數據時的複迴歸分析 ✿

下面是107頁出現過的數據。

◆表3.2　107頁的表

	店面面積（坪）	與車站的距離（公尺）	單月銷售量（萬日圓）
夢之丘本店	10	80	469
寺井站大樓店	8	0	366
曾根店	8	200	371
橋本街店	5	200	208
桔梗町店	7	300	246
郵局對街店	8	230	297
水道町站前店	7	40	363
六条站大樓店	9	0	436
若葉川河堤店	6	330	198
美里店	9	180	364

從上表可以看出，自變數「店面面積」和「與車站的距離」以及因變數「單月銷售量」都是「可以測量」的數據。

複迴歸分析的因變數必須是「可以測量」的數據，不過自變數可以是：

・只有「可以測量」的數據

・有「可以測量」的數據和「不可測量」的數據

・只有「不可測量」的數據

以下舉兩個例子說明有「可以測量」的數據和「不可測量」的數據的情況，並舉一個例子說明只有「不可測量」的數據的情況。

■有「可以測量」的數據和「不可測量」的數據的情況〈1〉

	店面面積（坪）	與車站的距離(公尺)	有試吃專區	沒有試吃專區	單月銷售量（萬日圓）
夢之丘本店	10	80	1	0	469
寺井站大樓店	8	0	0	1	366
曾根店	8	200	1	0	371
橋本街店	5	200	0	1	208
桔梗町店	7	300	0	1	246
郵局對街店	8	230	0	1	297
水道町站前店	7	40	0	1	363
六条站大樓店	9	0	1	0	436
若葉川河堤店	6	330	0	1	198
美里店	9	180	1	0	364

「1」代表「有」，「0」代表「沒有」。
如 47 頁所說，分析時必須省略這兩行的其中一行，在此省略「沒有試吃專區」。

分析這些數據：

$$y = 30.6x_1 - 0.4x_2 + 39.5x_3 + 135.9$$

y：單月銷售量　x_1：店面面積　x_2：與車站的距離　x_3：有試吃專區

可以求得複迴歸式。

■有「可以測量」的數據和「不可測量」的數據的情況（2）

	店面面積（坪）	與車站的距離(公尺)	每天都有試吃專區	只有週末有試吃專區	沒有試吃專區	單月銷售量（萬日圓）
夢之丘本店	10	80	1	0	0	469
寺井站大樓店	8	0	0	0	1	366
曾根店	8	200	1	0	0	371
橋本街店	5	200	0	0	1	208
桔梗町店	7	300	0	0	1	246
郵局對街店	8	230	0	0	1	297
水道町站前店	7	40	0	0	1	363
六条站大樓店	9	0	0	1	0	436
若葉川河堤店	6	330	0	0	1	198
美里店	9	180	0	1	0	364

「1」代表「有」，「0」代表「沒有」。如47頁所說，分析時必須省略這三行的其中一行，在此省略「沒有試吃專區」。

分析這些數據：

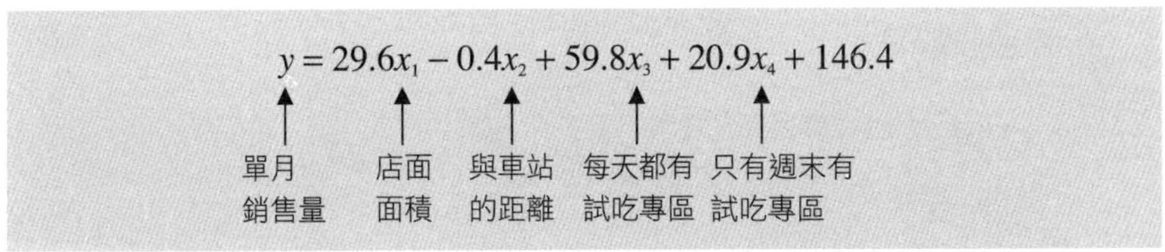
$$y = 29.6x_1 - 0.4x_2 + 59.8x_3 + 20.9x_4 + 146.4$$

可以求得複迴歸式。

■只有「不可測量」的數據的情況

	店面面積（坪）	與車站的距離（公尺）	每天都有試吃專區	只有週末有試吃專區	單月銷售量（萬日圓）
夢之丘本店	1	0	1	0	469
寺井站大樓店	1	0	0	0	366
曾根店	1	1	1	0	371
橋本街店	0	1	0	0	208
桔梗町店	0	1	0	0	246
郵局對街店	1	1	0	0	297
水道町站前店	0	0	0	0	363
六条站大樓店	1	0	0	1	436
若葉川河堤店	0	1	0	0	198
美里店	1	0	0	1	364

「1」代表「8 坪以上」，「0」代表「未滿 8 坪」。

「1」代表「200 公尺以上」，「0」代表「未滿 200 公尺」。

「1」代表「有」，「0」代表「沒有」。

分析這些數據：

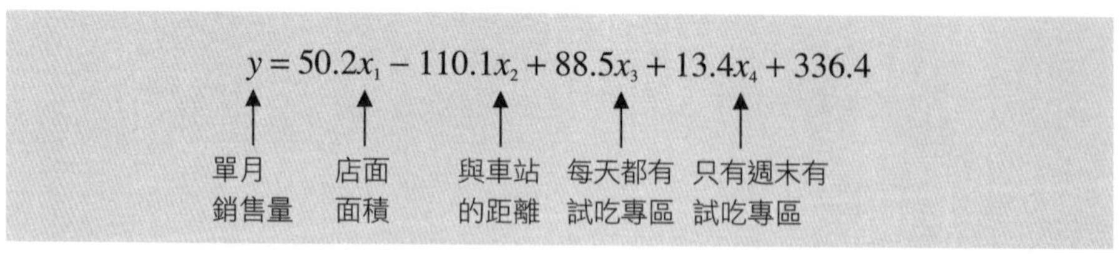

可以求得複迴歸式。

複迴歸分析的自變數只有「不可測量」數據的情況，稱爲**數量化一類**。

✿ 7. 多重共線性 ✿

本節的內容有點難，所以說明就點到為止。

當自變數之間彼此有密切關聯時，可能會出現下列情況：

- 求不出偏迴歸係數。
- 即使求出偏迴歸係數，數值也會很奇怪，例如本來應該是正數的係數變成負數。

就數學角度來說，相當於下列情況：

- $\begin{pmatrix} S_{11} & S_{12} & \cdots & S_{1p} \\ S_{21} & S_{22} & \cdots & S_{2p} \\ \cdots & \cdots & \ddots & \cdots \\ S_{p1} & S_{p2} & \cdots & S_{pp} \end{pmatrix}$ 的**行列式**[1] 值為0。

- $\begin{pmatrix} S_{11} & S_{12} & \cdots & S_{1p} \\ S_{21} & S_{22} & \cdots & S_{2p} \\ \cdots & \cdots & \ddots & \cdots \\ S_{p1} & S_{p2} & \cdots & S_{pp} \end{pmatrix}$ 的行列式值幾乎為0。

這種現象稱為「**有多重共線性**的問題」。

我們可以利用 *VIF*[2] 和**容忍值**[3]（tolerance）指標，確定有沒有「多重共線性的問題」。在EXCEL中可以利用函數「MDETERM」求行列式的值，所以也可以利用這個函數確認行列式等於多少。

剛學複迴歸分析時不必太在意這一點，只要記得「自變數之間彼此有密切關聯時，最好省略其中一個變數再分析」即可。

1　本書並未說明
2　本書並未說明
3　本書並未說明

✿ 8. 「每個自變數對因變數的影響程度」和複迴歸分析 ✿

第一次學到複迴歸分析的讀者，可以跳過下面的內容。

有些人不把複迴歸分析用於預測，而是驗證「每個自變數對因變數的影響程度」。筆者並不反對這種用法，但也不很贊成。

請看看下面的故事：

鳥越先生是零食公司的商品研發研究員，他研發的零食最近銷路很好，為了了解銷路好的原因，公司請一些消費者品嘗商品，然後填寫下面的問卷：

問題

請教您對商品的評價（每個項目各為單選）

Q1. 味道	1.不好　2.普通　3.很好
Q2. 份量	1.不好　2.普通　3.很好
Q3. 容易吃	1.不好　2.普通　3.很好
Q4. 包裝設計	1.不好　2.普通　3.很好
Q5. 綜合滿意度	1.不滿意　2.普通　3.滿意

問卷調查結果如下表：

	Q1. 味道	Q2. 份量	Q3. 容易吃	Q4. 包裝設計	Q5. 綜合滿意度
回答者1	2	2	3	2	2
回答者2	1	1	3	1	3
回答者3	2	2	1	1	1
回答者4	3	3	3	2	2
回答者5	1	1	2	2	1
回答者6	1	1	1	1	1
回答者7	3	3	1	3	3
回答者8	3	3	1	2	2
回答者9	3	3	1	2	3
回答者10	1	1	3	1	1
回答者11	2	3	2	1	3
回答者12	2	1	1	1	1
回答者13	3	3	3	1	3
回答者14	3	3	1	3	3
回答者15	3	2	1	1	2
回答者16	1	1	3	3	1
回答者17	2	2	2	1	1
回答者18	1	1	1	3	1
回答者19	3	1	3	3	3
回答者20	3	3	3	3	3

把每個變數標準化[4]，再分析上面的數據，可以推導出複迴歸式：

$$y = 0.41x_1 + 0.32x_2 + 0.26x_3 + 0.11x_4$$

Q5.綜合滿意度　Q1.味道　Q2.份量　Q3.容易吃　Q4.包裝設計

觀察偏迴歸係數[5]，可以發現「Q1. 味道」的偏迴歸係數最大。所以，鳥越先生判斷味道對於綜合滿意度的影響最大。

4　驗證「每個自變數對因變數的影響程度」時利用的技巧。

5　標準化後推導出的複迴歸式之偏迴歸係數，稱為**標準偏迴歸係數**。

鳥越先生判斷味道對於綜合滿意度影響最大。我可以體會他的心情，但是下結論之前還必須留意。

鳥越先生先入爲主地認定變數之間，有下列關係：

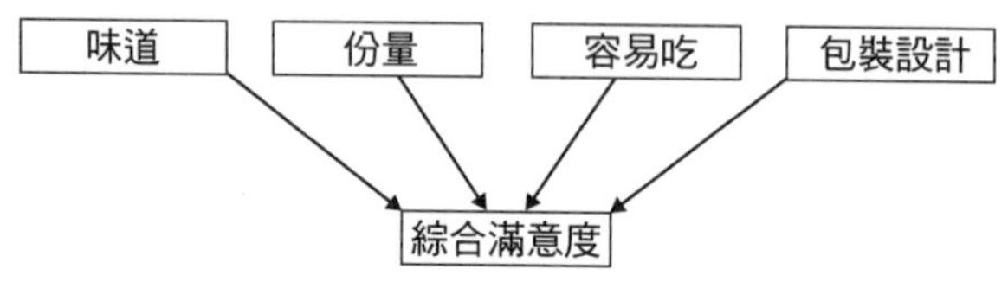

換句話說，他認定變數的關係和複迴歸分析的結構[6]一致。這種想法並不正確，也許眞實情況應該是：

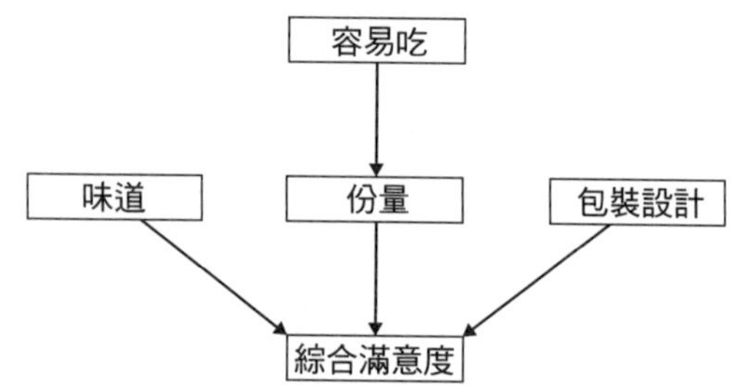

要檢驗「每個自變數對因變數的影響程度」，與其利用複迴歸分析，不如使用**結構方程模型分析**[7]。不過，結構方程模型分析並非完美的分析方法，不能「自動」顯示「每個自變數對因變數的影響程度」，分析者必須在分析「之前」先「主觀」假設變數之間的關係，再求**路徑係數**[8]。

---

6 請參照105頁。

7 通常稱為**共分散構造分析**。

8 相當於複迴歸分析的偏迴歸係數和標準偏迴歸係數。

◆第 4 章◆

Logistic 迴歸分析

1. 何謂Logistic迴歸分析

心
該怎麼辦
……想和
他說話…
怦
可是
我不敢！
怦

加油！

怦
怦
要加油……
抓
緊
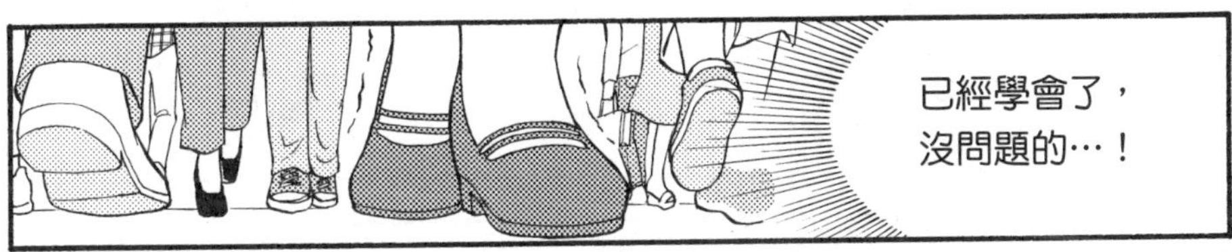
已經學會了，
沒問題的…！

心怦怦跳
要冷靜…

怦
怦
先談他忘了的
那本書…
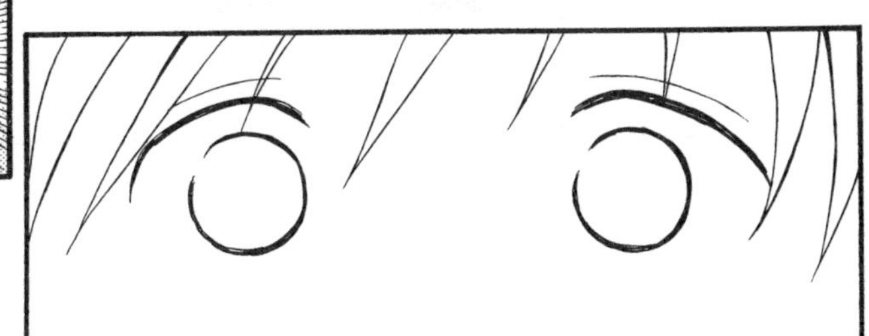

嘿～喝！

Tea Room NORNS

美羽！

啊!?是！

不是說好在開店之前，先幫妳上課嗎？

發什麼呆啊？今天要開始上「Logistic**迴歸分析**」囉！

對不起……

振作！「今天是最後一堂了，加油！」
喂～！

加油
啊…

剛才……我認錯人了嗎……
謝謝學姊！

迴歸分析和複迴歸分析都是爲了預測「冰紅茶銷量」、「銷售業績」之類「數值」的分析方法。
Logistic迴歸分析則不一樣。
有什麼不同？

・學生○○考進XX大學的機率
・患者△△罹患癌症的機率
Logistic 迴歸分析是預測「機率」的分析方法。

機率也是數值吧？

機率是特殊的數值，一定介於0到1之間。

Logistic迴歸分析……
喀
喀
原來如此……
爲了讓預測値介於0到1，不能用迴歸分析和複迴歸分析，
必須利用Logistic迴歸分析。

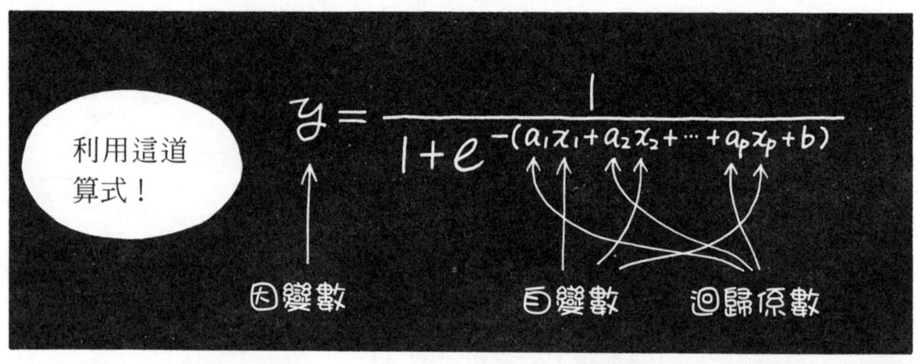
利用這道算式！
$y = \frac{1}{1+e^{-(a_1x_1+a_2x_2+\cdots+a_px_p+b)}}$
因變數
自變數
迴歸係數

這道算式有人稱之爲「Logistic迴歸分析模型」，我則稱之爲「Logistic迴歸式」。
好可怕的算式……

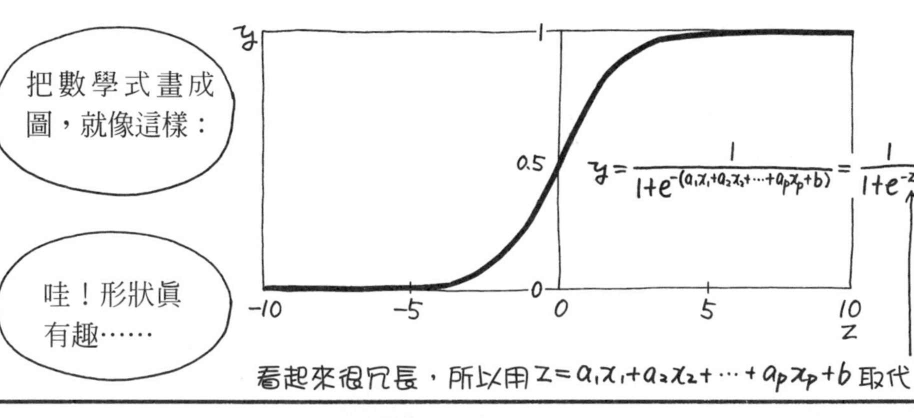

把數學式畫成圖，就像這樣：
哇！形狀真有趣……
y
1
0.5
0
-10
-5
0
5
10
z
$y = \frac{1}{1+e^{-(a_1x_1+a_2x_2+\cdots+a_px_p+b)}} = \frac{1}{1+e^{-z}}$
看起來很冗長，所以用 $z = a_1x_1+a_2x_2+\cdots+a_px_p+b$ 取代！

你看！不管z值多大，y一定會介於0到1，對嗎？
啊！真的耶！

要了解Logistic迴歸分析，需要具備「**最大概似估計法**」的知識。
最大概似估計法？

最大概似估計法的「大概似」代表「最可能的方法」。
最大概似估計法
(maximum likelihood method)
哈哈……

那就先從這裡談起吧！
請多多指教！

✿ 2. 最大概似估計法 ✿

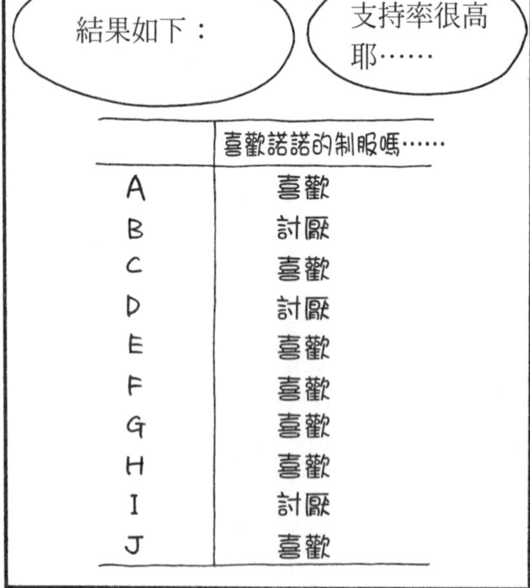

	喜歡諾諾的制服嗎……
A	喜歡
B	討厭
C	喜歡
D	討厭
E	喜歡
F	喜歡
G	喜歡
H	喜歡
I	討厭
J	喜歡

出現在剛才表格的情況，
機率如下：

喜歡	討厭	喜歡	討厭	喜歡	喜歡	喜歡	喜歡	討厭	喜歡
p	$(1-p)$	p	$(1-p)$	p	p	p	p	$(1-p)$	p

$$p\times(1-p)\times p\times(1-p)\times p\times p\times p\times p\times(1-p)\times p$$

$$=p^7(1-p)^3$$

耶……

在母群體「大學的所有學生」之中，
諾諾制服支持率 p 的值一定會讓

$p^7(1-p)^3$ 或者

$\log\{p^7(1-p)^3\}$

達到最大

這就是最大概似估計法的想法。

嗯……

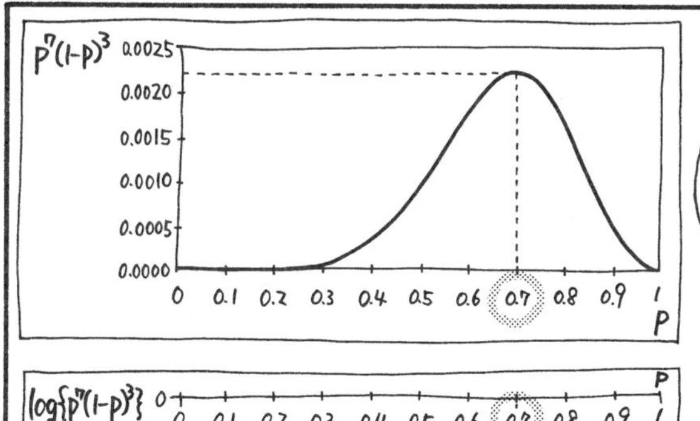

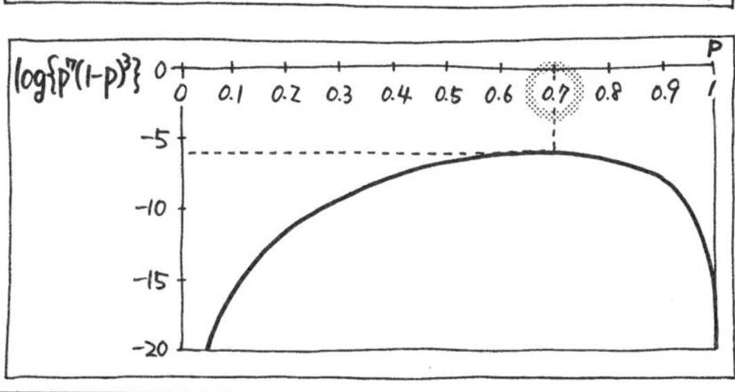

以圖表來說明，最大概似估計法求的是圖形最高點對應的橫軸座標。

$p^7(1-p)^3$ 稱爲「**最大概似函數**」
$\log\{p^7(1-p)^3\}$ 稱爲
「**最大概似函數的對數**」
$p^7(1-p)^3$
→ 最大概似函數
$\log\{p^7(1-p)^3\}$
→ 最大概似函數的對數

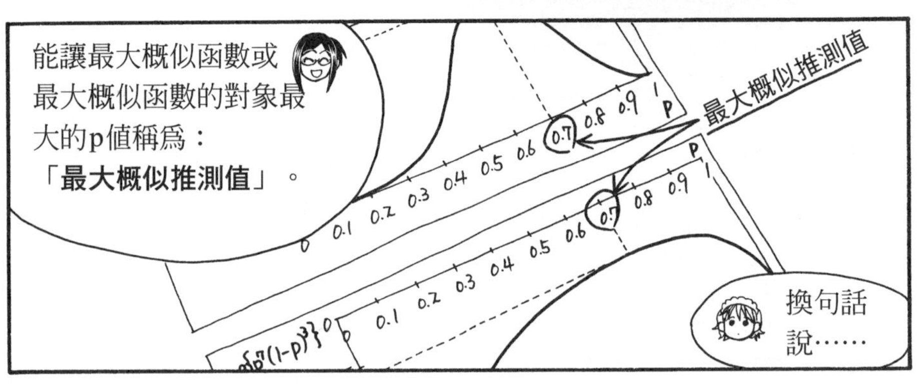
能讓最大概似函數或
最大概似函數的對象最
大的p值稱爲：
「**最大概似推測值**」。
最大概似推測值
0 0.1 0.2 0.3 0.4 0.5 0.6 0.7 0.8 0.9 1 p
0 0.1 0.2 0.3 0.4 0.5 0.6 0.7 0.8 0.9 1 p
換句話
說……

最大概似估計法是
求最大概似推測值
的方法？
沒錯！
以剛才諾諾制服的例
子，求求看最大概似
推測值吧。
好！

步驟1 求最大概似函數：

$$p\times(1-p)\times p\times(1-p)\times p\times p\times p\times p\times(1-p)\times p$$
$$=p^7(1-p)^3$$

步驟2 求最大概似函數的對數，化簡：

$$L=\log\{p^7(1-p)^3\}$$
$$=\log p^7+\log(1-p)^3$$
$$=7\log p+3\log(1-p)$$

接下來以「L」表示最大概似函數的對數。

步驟3 以最大概似函數的對數 L 對 p 微分，使其為0：

$$\frac{dL}{dp}=7\times\frac{1}{p}+3\times\frac{1}{1-p}\times(-1)=7\times\frac{1}{p}-3\times\frac{1}{1-p}=0$$

步驟4 化簡步驟3的式子，求最大概似推測值。

$$7\times\frac{1}{p}-3\times\frac{1}{1-p}=0$$

$$\left(7\times\frac{1}{p}-3\times\frac{1}{1-p}\right)\times p(1-p)=0\times p(1-p)$$ 兩邊乘以p(1−p)

$$7(1-p)-3p=0$$

$$7-7p-3p=0$$

$$7-10p=0$$

$$p=\frac{7}{10}$$

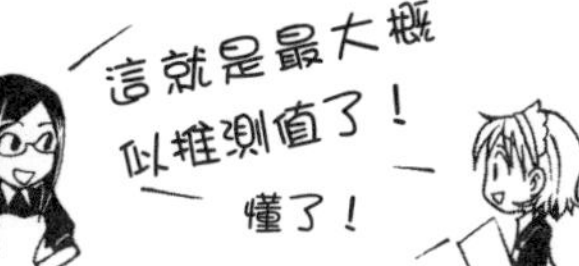

✿ 3. 如何看待因變數 ✿

諾諾特製蛋糕，是這種蛋糕嗎？

沒錯！就是老闆自己喜歡、每天限量1個、每個7,000日圓的蛋糕！

諾諾特製蛋糕
每天限量1個7,000日圓

諾諾特製蛋糕的價格很貴，未必每天都能賣得掉吧？
是啊……

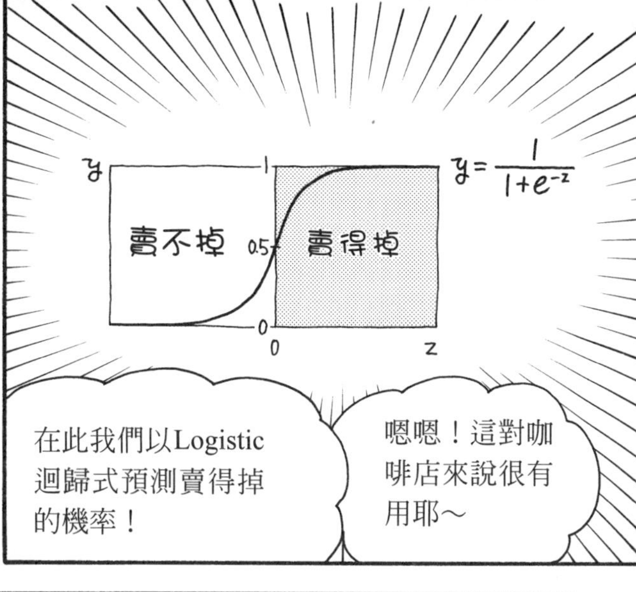
y
1
0.5
0
0
z
賣不掉
賣得掉
$y = \frac{1}{1+e^{-z}}$
在此我們以Logistic迴歸式預測賣得掉的機率！
嗯嗯！這對咖啡店來說很有用耶～

那什麼是自變數呢……？
關於這一點，

從過去的經驗，我覺得蛋糕賣得掉的日子通常是：
・氣溫比較高的日子
・星期三、星期六、星期日
眞的嗎？

嗯！星期六和星期日的客人比較多。
哇！
大學社團團員經常在星期三到咖啡店聚餐，現場氣氛一熱，就會有人買蛋糕。

這是最近咖啡店的銷售數據。

學姊真厲害！

	星期三或星期六或星期日	最高氣溫（℃）	諾諾特製蛋糕銷售狀況
5日（一）	0	28	1
6日（二）	0	24	0
7日（三）	1	26	0
8日（四）	0	24	0
9日（五）	0	23	0
10日（六）	1	28	1
11日（日）	1	24	0
12日（一）	0	26	1
13日（二）	0	25	0
14日（三）	1	28	1
15日（四）	0	21	0
16日（五）	0	22	0
17日（六）	1	27	1
18日（日）	1	26	1
19日（一）	0	26	0
20日（二）	0	21	0
21日（三）	1	21	1
22日（四）	0	27	0
23日（五）	0	23	0
24日（六）	1	22	0
25日（日）	1	24	1

「1」代表星期三或星期六或星期日，「0」代表其他日子！

「1」代表有賣掉，「0」代表沒賣掉！

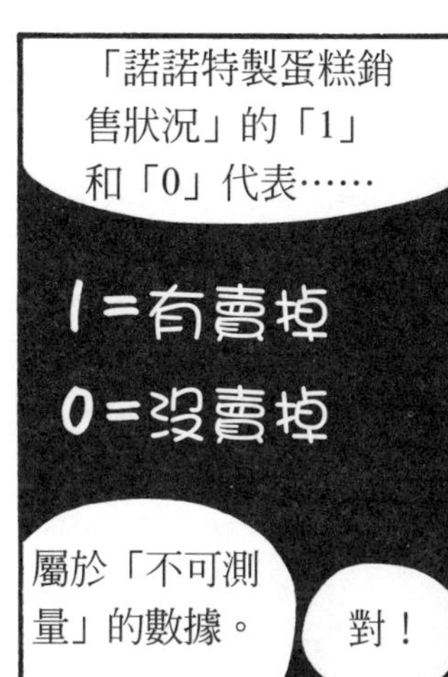
「諾諾特製蛋糕銷售狀況」的「1」和「0」代表……
1=有賣掉
0=沒賣掉
屬於「不可測量」的數據。
對！

進行Logistic迴歸分析時，「1」代表「諾諾特製蛋糕賣掉的機率爲1」，「0」代表「諾諾特製蛋糕沒賣掉的機率爲0」！

實際上「不可測量」，分析時當成「可以測量」。
「星期三或星期六或星期日」也是「不可測量」的數據。
沒錯！

在 Logistic 迴歸分析，自變數可以是：
・只有「可以測量」的數據
・只有「不可測量」的數據
・有「可以測量」的數據和「不可測量」的數據
和複迴歸分析一樣耶！

✿ 4. Logistic 迴歸分析的具體範例 ✿

接著，跟以前一樣，先來看分析的步驟吧。

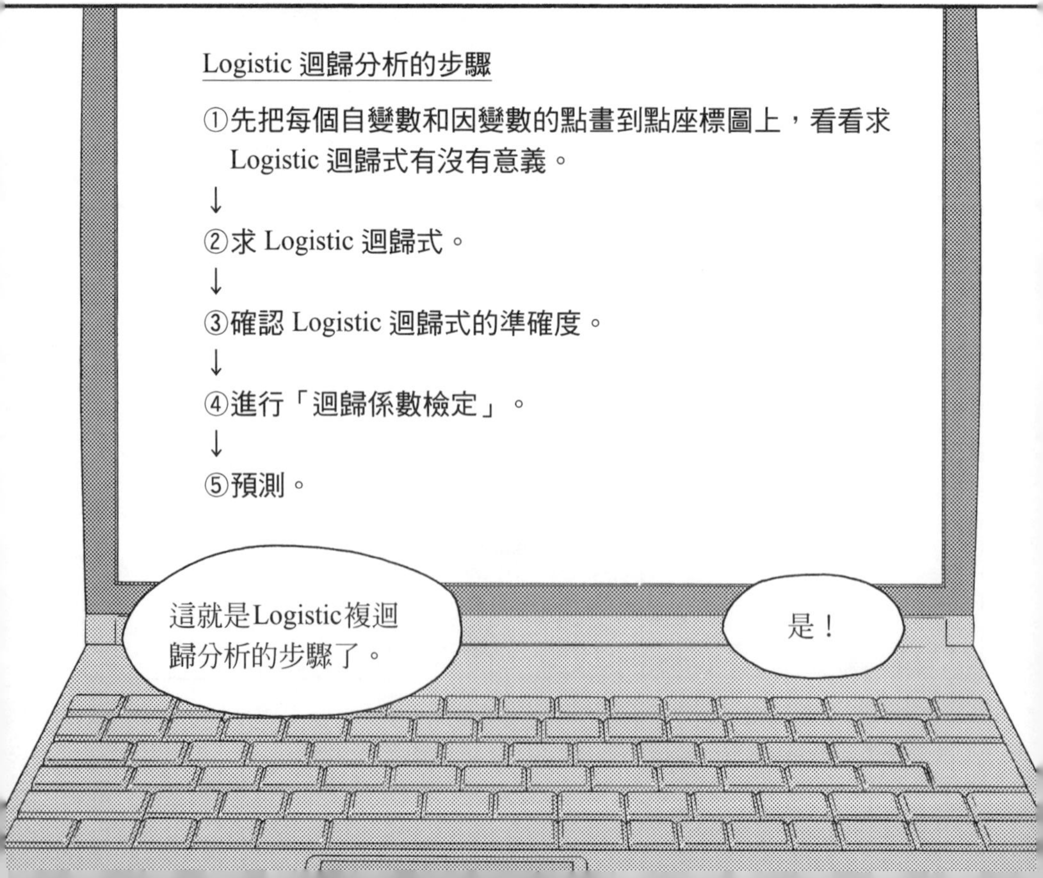

該不會又幾乎與迴歸分析和複迴歸分析一樣吧？

眞聰明，你說對了！

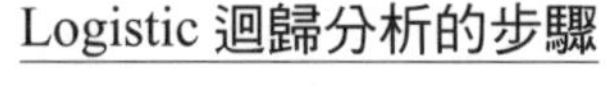

Logistic 迴歸分析的步驟

①先把每個自變數和因變數的點畫到點座標圖上，看看求 Logistic 迴歸式有沒有意義。

↓

②求 Logistic 迴歸式。

↓

③確認 Logistic 迴歸式的準確度。

↓

④進行「迴歸係數檢定」。

↓

⑤預測。

這就是Logistic複迴歸分析的步驟了。

是！

①先把每個自變數和因變數的點畫到點座標圖上，看看求 Logistic 迴歸式有沒有意義

「諾諾特製蛋糕銷售狀況」和「最高氣溫」

單相關係數=0.4828

最高氣溫

30
28
26
24
22
20

0
1

諾諾特製蛋糕銷售狀況

「諾諾特製蛋糕銷售狀況」和「星期三或星期六或星期日」

單相關係數=0.5095

星期三或星期六或星期日

1
0

0
1

諾諾特製蛋糕銷售狀況

嗯！還算有關，求Logistic迴歸式應該有意義！

好像互有關聯耶。

點的位置會重疊，所以描點時稍微往旁邊偏

②求 Logistic 迴歸式

步驟1 進行下表的計算。

	星期三或星期六或星期日 x_1	最高氣溫 x_2	諾諾特製蛋糕的銷售情況 y	諾諾特製蛋糕的銷售情況 $\hat{y}=\frac{1}{1+e^{-(a_1x_1+a_2x_2+b)}}$
5日（一）	0	28	1	$\frac{1}{1+e^{-(a_1\times 0+a_2\times 28+b)}}$
6日（二）	0	24	0	$\frac{1}{1+e^{-(a_1\times 0+a_2\times 24+b)}}$
：　：	：	：	：	：
25日（日）	1	24	1	$\frac{1}{1+e^{-(a_1\times 1+a_2\times 24+b)}}$

步驟2 求最大概似函數。

$$\underbrace{\frac{1}{1+e^{-(a_1\times 0+a_2\times 28+b)}}}_{\text{有賣掉}}\times\underbrace{\left(1-\frac{1}{1+e^{-(a_1\times 0+a_2\times 24+b)}}\right)}_{\text{沒賣掉}}\times\cdots\times\underbrace{\frac{1}{1+e^{-(a_1\times 1+a_2\times 24+b)}}}_{\text{有賣掉}}$$

步驟3 求最大概似函數的對象L。

$$L=\log\left\{\frac{1}{1+e^{-(a_1\times 0+a_2\times 28+b)}}\times\left(1-\frac{1}{1+e^{-(a_1\times 0+a_2\times 24+b)}}\right)\times\cdots\times\frac{1}{1+e^{-(a_1\times 1+a_2\times 24+b)}}\right\}$$

$$=\log\left(\frac{1}{1+e^{-(a_1\times 0+a_2\times 28+b)}}\right)+\log\left(1-\frac{1}{1+e^{-(a_1\times 0+a_2\times 24+b)}}\right)+\cdots+\log\left(\frac{1}{1+e^{-(a_1\times 1+a_2\times 24+b)}}\right)$$

步驟4 求最大概似推測值。

最大概似推測值，也就是讓最大概似函數的對數 L 達到最大值的 a_1 和 a_2 和 b：

$$\begin{cases} a_1 = 2.44 \\ a_2 = 0.54 \\ b = -15.20 \end{cases}$$

求法請參照 208 頁。
雖然和步驟 4 沒有直接相關，可是很重要。
最大概似函數的對數 L 的最大值如下：

$$L = \log\left(\frac{1}{1+e^{-(2.44\times 0+0.54\times 28-15.20)}}\right) + \log\left(1-\frac{1}{1+e^{-(2.44\times 0+0.54\times 24-15.20)}}\right) + \cdots + \log\left(\frac{1}{1+e^{-(2.44\times 1+0.54\times 24-15.20)}}\right)$$
$$= -8.9$$

步驟5 求Logistic迴歸式

根據步驟4，可知Logistic迴歸式如下：

$$y = \frac{1}{1+e^{-(2.44x_1+0.54x_2-15.20)}}$$

③確認 Logistic 迴歸式的準確度

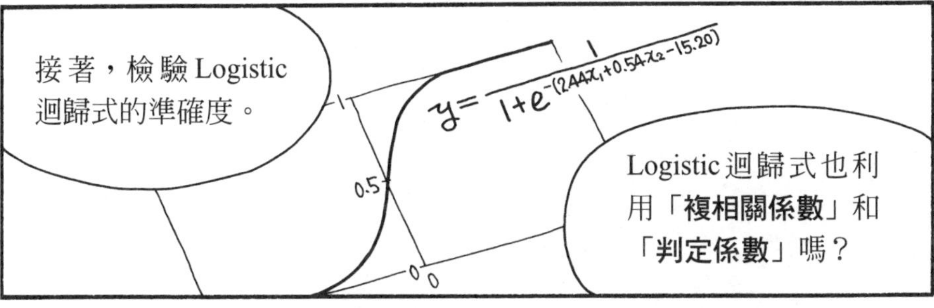

Logistic迴歸式的判定係數可以這麼計算！

$$R^2 = 1 - \frac{\text{最大概似函數的對數}L\text{的最大值}}{n_1 \log n_1 + n_0 \log n_0 - (n_1 + n_0)\log(n_1 + n_0)}$$

哇～…

算式中的 n_1 和 n_0 代表：

n_1	n_1 因變數的值等於「1」的個體個數
n_0	n_0 因變數的值等於「0」的個體個數

這種意義。

實際計算看看……

$$R^2 = 1 - \frac{\text{最大概似函數的對數}L\text{的最大值}}{n_1 \log n_1 + n_0 \log n_0 - (n_1 + n_0)\log(n_1 + n_0)}$$

$$= 1 - \frac{-8.9}{8\log 8 + 13\log 13 - (8+13)\log(8+13)}$$

$$= 0.3622$$

咦？比想像的數字小！

判定係數
同樣介於0
到1嗎？
對！
Logistic迴歸式的準確
度越高，判定係數越接
近1，否則越接近0。

這和迴歸式一樣沒有
嚴格的標準嗎？
沒錯！

不過，
Logistic迴歸式
的判定係數
比較不容易變大，
所以頂多把它當
成參考。
這樣啊…

還有其他方法可
以判斷Logistic迴
歸式的準確度。
喀嚓
喀嚓
別的方法？

妳看
這個表！
？

	星期三或星期六或星期日 x_1	最高氣溫 x_2	諾諾特製蛋糕銷售狀況 y	諾諾特製蛋糕銷售狀況 $\hat{y}$
5日（一）	0	28	1	0.51 有賣掉
6日（二）	0	24	0	0.11 沒賣掉
7日（三）	1	26	0	0.80 有賣掉
8日（四）	0	24	0	0.11 沒賣掉
9日（五）	0	23	0	0.06 沒賣掉
10日（六）	1	28	1	0.92 有賣掉
11日（日）	1	24	0	0.58 有賣掉
12日（一）	0	26	1	0.26 沒賣掉
13日（二）	0	25	0	0.17 沒賣掉
14日（三）	1	28	1	0.92 有賣掉
15日（四）	0	21	0	0.02 沒賣掉
16日（五）	0	22	0	0.04 沒賣掉
17日（六）	1	27	1	0.87 有賣掉
18日（日）	1	26	1	0.80 有賣掉
19日（一）	0	26	0	0.26 沒賣掉
20日（二）	0	21	0	0.02 沒賣掉
21日（三）	1	21	1	0.21 沒賣掉
22日（四）	0	27	0	0.38 沒賣掉
23日（五）	0	23	0	0.06 沒賣掉
24日（六）	1	22	0	0.31 沒賣掉
25日（日）	1	24	1	0.58 有賣掉

$$\frac{1}{1+e^{-(2.44\times 1+0.54\times 24-15.20)}}=0.58$$

	y	$\hat{y}$
7日（三）	0	0.80 有賣掉
11日（日）	0	0.58 有賣掉

要檢驗Logistic迴歸式
的準確度，可以利用：
「**誤判率**」……
事實和分析結果不一致的個體個數
整體個數
這就是誤判率！

就像是
「答錯率」？
嗯！

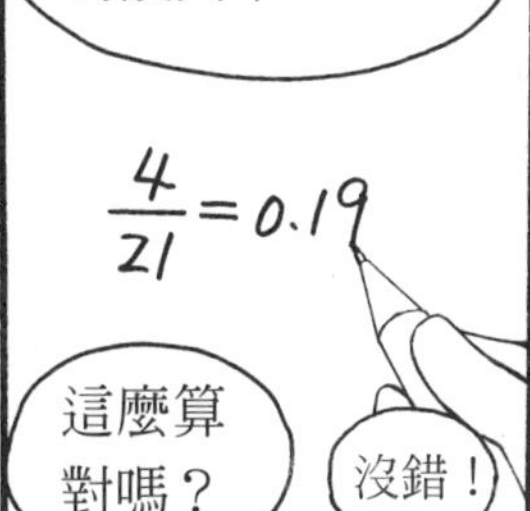
這麼說這個例子
的誤判率……
4/21=0.19
這麼算
對嗎？
沒錯！

誤判率越小，
代表Logistic迴歸式
的準確度越高！

啊，對了！
還有一個方法可以檢驗
Logistic迴歸式的準確度……

單相關係數 =0.6279
ŷ
1
0.5
0
0
1
y
畫y和ŷ的
點散布圖，求單相關
係數值也不錯。
是！

④進行「迴歸係數檢定」

整體檢定迴歸係數

虛無假設	$A_1 = A_2 = 0$
對立假設	$A_1 = A_2 = 0$ 不成立。 也就是下列其中之一成立： • $A_1 \neq 0$ 且 $A_2 \neq 0$ • $A_1 \neq 0$ 且 $A_2 = 0$ • $A_2 = 0$ 且 $A_2 \neq 0$

個別檢定迴歸係數

虛無假設	$A_i \neq 0$
對立假設	$A_i = 0$

這是學複迴歸迴歸分析時抄的筆記

這種方法對嗎？

沒錯！

先看「整體檢定迴歸係數」！下面的計算，
一般稱為「最大概似比檢定」。

步驟 1	定義母群體。	把「星期三或星期六或星期日為 x_1，最高氣溫為 x_2 °C的日子」視為母群體。
步驟 2	設定虛無假設和對立假設。	虛無假設「$A_1 = A_2 = 0$」。 對立假設「$A_1 = A_2 = 0$不成立」。
步驟 3	選擇使用哪種「檢定」方法。	進行「整體檢定迴歸係數」。
步驟 4	決定信賴水準。	信賴水準為95%。
步驟 5	從樣本數據求檢定統計量。	我們要進行「整體檢定迴歸係數」。 「整體檢定迴歸係數」的檢定統計量等於： $2\{$最大概似函數的對數 L 的最大值$- n_1\log n_1 - n_0\log n_0 + (n_1 + n_0)\log(n_1 + n_0)\}$ 例題的檢定統計量等於： $2\{-8.9010 - 8\log 8 - 13\log 13 + (8+13)\log(8+13)\} = 10.1$ 在這道例題中，假如虛無假設為真，檢定統計量會符合自由度為2（＝自變數的個數）的卡方分布。
步驟 6	確定步驟5求得的檢定統計量對應的P值是否小於（1－信賴水準）。	信賴水準為95%。因為檢定統計量等於10.1，所以P值等於0.006。 $0.006 < 0.05$，所以P值比較小。
步驟 7	如果在步驟6，P值小於（1－信賴水準），結論是「對立假設正確」。如果P值不小於（1－信賴水準），結論是「不能說虛無假設錯」。	P值小於（1－信賴水準），所以對立假設「$A_1 = A_2 = 0$不成立」。

※關於卡方分布的 P 值的求法，請參考 201 頁。

再看「個別檢定迴歸係數」！以 A_1 為例試試看！下列的計算一般稱為「Wald 檢定」。

步驟 1	定義母群體。	把「星期三或星期六或星期日為 x_1，最高氣溫為 x_2 °C的日子」視為母群體。
步驟 2	設定虛無假設和對立假設。	虛無假設「$A_1=0$」。 對立假設「$A_1\neq0$」。
步驟 3	選擇使用哪種「檢定」方法。	進行「個別檢定迴歸係數」。
步驟 4	決定信賴水準。	信賴水準為95%。
步驟 5	從樣本數據求檢定統計量。	我們要進行「個別檢定迴歸係數」。 「個別檢定迴歸係數」的檢定統計量等於： $\frac{a_1^{\ 2}}{S^{11}}$ 這個例題的檢定統計量等於： $\frac{2.44^2}{1.5388}=3.9$ 在這道例題中，假如虛無假設為真，檢定統計量會符合自由度為1的卡方分布。
步驟 6	確定步驟5求得的檢定統計量對應的 P 值是否小於（1－信賴水準）。	信賴水準為95%。因為檢定統計量等於3.9，所以P值等於0.0489。$0.0489<0.05$，所以P值較小。
步驟 7	如果在步驟6，P 值小於（1－信賴水準），結論是「對立假設正確」。如果 P 值不小於（1－信賴水準），結論是「不能說虛無假設錯」。	P值小於（1－信賴水準），所以對立假設「$A_1\neq0$」正確。

※有關 S^{11} 的求法，請看下一頁。

有些書不說明卡方分布，而是說明基於標準常態分布的「迴歸係數檢定」。
相關數學知識太難，在此略過細節，可是不管根據哪一種分布，最終的結果都一樣。

步驟 5 的「S^{11}」如下：

星期三或星期六或星期日 最高氣溫

$$\left[\begin{pmatrix} 0 & 0 & \cdots & 1 \\ 28 & 24 & \cdots & 24 \\ 1 & 1 & \cdots & 1 \end{pmatrix}\begin{pmatrix} (5\text{日的}\hat{y})\times(5\text{日的}1-\hat{y}) & 0 & \cdots & 0 \\ 0 & (6\text{日的}\hat{y})\times(6\text{日的}1-\hat{y}) & \cdots & 0 \\ \vdots & \vdots & \ddots & \vdots \\ 0 & 0 & \cdots & (25\text{日的}\hat{y})\times(25\text{日的}1-\hat{y}) \end{pmatrix}\begin{pmatrix} 0 & 28 & 1 \\ 0 & 24 & 1 \\ \vdots & \vdots & \vdots \\ 1 & 24 & 1 \end{pmatrix}\right]^{-1}$$

$$=\left[\begin{pmatrix} 0 & 0 & \cdots & 1 \\ 28 & 24 & \cdots & 24 \\ 1 & 1 & \cdots & 1 \end{pmatrix}\begin{pmatrix} 0.51\times0.49 & 0 & \cdots & 0 \\ 0 & 0.11\times0.89 & \cdots & 0 \\ \vdots & \vdots & \ddots & \vdots \\ 0 & 0 & \cdots & 0.58\times0.42 \end{pmatrix}\begin{pmatrix} 0 & 28 & 1 \\ 0 & 24 & 1 \\ \vdots & \vdots & \vdots \\ 1 & 24 & 1 \end{pmatrix}\right]^{-1}$$

$$=\begin{pmatrix} \mathbf{1.5388} & \cdots & \cdots \\ \cdots & \mathbf{0.0881} & \cdots \\ \cdots & \cdots & \cdots \end{pmatrix}$$

為了方便計算，這裡必須都是 1

這就是「S^{11}」。這是「S^{22}」。

⑤預測

今天……
諾諾特製蛋糕
賣得掉嗎？

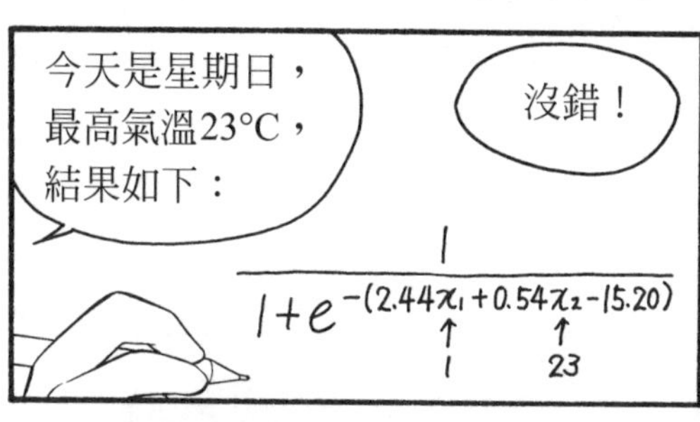
今天是星期日，
最高氣溫23°C，
結果如下：
沒錯！
$\frac{1}{1+e^{-(2.44x_1+0.54x_2-15.20)}}$
1
23

用電腦算
算看吧。
好！
喀嚓
喀嚓

啊……

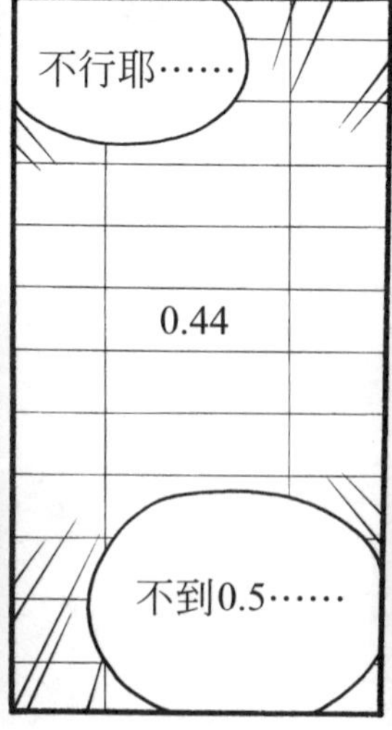
不行耶……
0.44
不到0.5……

今天賣不掉！
可惜！
好像賣不
掉……

Tea Room
NORNS
辛苦了！
目前爲止，妳已經學完：
・迴歸分析
・複迴歸分析
・Logistic迴歸分析
「迴歸分析」到此告一段落囉！
謝謝學姊！
妳很認眞喔！
不管他什麼時候來，
都有話題聊了吧？
心裡一緊…

麗…

麗莎學姊……

爲什麼對我
這麼好？

如果學姊和他交往，
我……

啊……？

我可以放棄……

啊 …… 那 個
……其實…

喀唧！

啊……
還在忙嗎？

浩人！

浩人…
哇……

表弟……

嗯……
這位其實是我表弟浩人啦！他住在隔壁區。

麗莎學姊
怎…怎麼啦？

怎麼不早
點說？
是美羽願意
靠自己努力
的呀……

眞愛就是要
靠自己努力，
不是嗎？
呃……
這……

啊？

快啊！
人家特地抽空跑
來見妳，還不快
點把書還給他！

快點！

那個…
嗯……

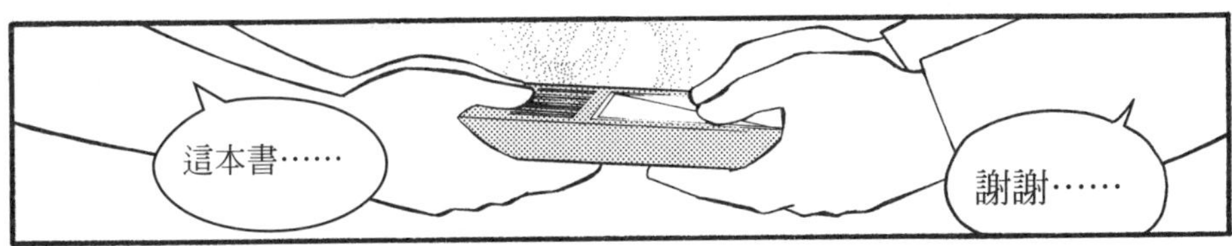
謝謝……
這本書……

表姊都跟我說了。
閃人
什麼？
謝謝妳幫我保管。

嗯……
嗯……
呵……

我叫深澤
浩人……
我叫五十嵐
美羽……
你願意和我一
起唸書嗎？
嗯！
好啊！
請多多
指教！

哈！
好啦！好啦
該開店了！

歡迎光臨！

歡迎光臨
諾諾咖啡！
Tea Room NORNS

✿ 5. 關於「Logistic 迴歸分析步驟」的注意事項 ✿

下圖是164頁的「Logistic迴歸分析的步驟」。

①先把每個自變數和應變數的點畫到點座標圖上，看看求Logistic迴歸式有沒有意義。

↓

②求Logistic迴歸式。

↓

③確認Logistic迴歸式的準確度。

↓

④進行「迴歸係數檢定」。

↓

⑤預測。

◆圖4.1　Logistic迴歸分析步驟

之前我的說明聽起來似乎①到④的步驟都缺一不可，其實並非如此。就像迴歸分析和複迴歸分析一樣，有時候只需要步驟①到③。

✿ 6. 勝算比（odds ratio）✿

本節的內容很抽象。第一次學到Logistic迴歸分析的讀者可以跳過下面的內容，不過，從事醫療領域工作的讀者不妨翻閱一下。

6.1　勝算和勝算對數（logit）模型

$y=\frac{1}{1+e^{-z}}$ 可以改寫成 $\frac{y}{1-y}=e^{z}$ 和 $\log\frac{y}{1-y}=z$。

$$y=\frac{1}{1+e^{-z}}=\frac{1}{1+e^{-z}}\times\frac{e^{z}}{e^{z}}=\frac{e^{z}}{e^{z}+1}$$

$$y\times(e^{z}+1)=\frac{e^{z}}{e^{z}+1}\times(e^{z}+1)$$ 兩邊乘以（$e^{z}+1$）

$$y\times e^{z}+y=e^{z}$$

$$y=e^{z}-y\times e^{z}$$ 移項

$$y=(1-y)e^{z}$$

$$y\times\frac{1}{1-y}=(1-y)e^{z}\times\frac{1}{1-y}$$ 兩邊乘以$\frac{y}{1-y}$

$$\frac{y}{1-y}=e^{z}$$

$$\log\frac{y}{1-y}=\log e^{z}=z$$

在168頁求得的y=…可以改寫成：

$$y=\frac{1}{1+e^{-(2.44x_1+0.54x_2-15.20)}}$$

$$\frac{y}{1-y}=e^{2.44x_1+0.54x_2-15.20}$$

$$\log\frac{y}{1-y}=2.44x_1+0.54x_2-15.20$$

$\frac{y}{1-y}$稱爲**勝算**，$\log\frac{y}{1-y}$稱爲**勝算對數**。本章範例的勝算等於$e^{2.44x_1+0.54x_2-15.20}$，勝算對數等於$2.44x_1+0.54x_2-15.20$。

6.2 風險比和勝算比

下表是162頁出現過的表。

◆表4.1　162頁的表

	星期三或星期六或星期日	最高氣溫（°C）	諾諾特製蛋糕銷售狀況
5日（一）	0	28	1
6日（二）	0	24	0
7日（三）	1	26	0
8日（四）	0	24	0
9日（五）	0	23	0
10日（六）	1	28	1
11日（日）	1	24	0
12日（一）	0	26	1
13日（二）	0	25	0
14日（三）	1	28	1
15日（四）	0	21	0
16日（五）	0	22	0
17日（六）	1	27	1
18日（日）	1	26	1
19日（一）	0	26	0
20日（二）	0	21	0
21日（三）	1	21	1
22日（四）	0	27	0
23日（五）	0	23	0
24日（六）	1	22	0
25日（日）	1	24	1

「星期三或星期六或星期日」和「諾諾特製蛋糕銷售狀況」的交叉統計表如下。

◆表4.2　「星期三或星期六或星期日」和「諾諾特製蛋糕銷售狀況」的交叉統計表

		諾諾特製蛋糕銷售狀況		合計
		有賣掉	沒賣掉	
星期三或星期六或星期日	是	6	3	9
	不是	2	10	12
	合計	8	13	21

觀察交叉統計表，「星期三或星期六或星期日的銷售率」爲 $\frac{6}{9}$，「星期三或星期六或星期日以外的銷售率」爲 $\frac{2}{12}$。

數學上有所謂的**風險比**，以表4.2來說，風險比等於：

$$\frac{\text{星期三或星期六或星期日的銷售率}}{\text{星期三或星期六或星期日以外的銷售率}} = \frac{\left(\frac{6}{9}\right)}{\left(\frac{2}{12}\right)} = \frac{6}{9} \div \frac{2}{12} = \frac{6}{9} \times \frac{12}{2} = \frac{2}{3} \times 6 = 4$$

數學上有所謂的**勝算比**，以表4.2來說，勝算比等於：

$$\frac{\left(\frac{\text{星期三或星期六或星期日的銷售率}}{1-\text{星期三或星期六或星期日的銷售率}}\right)}{\left(\frac{\text{星期三或星期六或星期日以外的銷售率}}{1-\text{星期三或星期六或星期日以外的銷售率}}\right)} = \frac{\left\{\frac{\left(\frac{6}{9}\right)}{1-\left(\frac{6}{9}\right)}\right\}}{\left\{\frac{\left(\frac{2}{12}\right)}{1-\left(\frac{2}{12}\right)}\right\}} = \frac{\left\{\frac{\left(\frac{6}{9}\right)}{\left(\frac{3}{9}\right)}\right\}}{\left\{\frac{\left(\frac{2}{12}\right)}{\left(\frac{10}{12}\right)}\right\}} = \frac{\left(\frac{6}{3}\right)}{\left(\frac{2}{10}\right)} = \frac{6}{3} \div \frac{2}{10} = \frac{6}{3} \times \frac{10}{2} = 2 \times 5 = 10$$

在上面的例子，勝算比並不接近風險比。可是在許多情況下，勝算比很接近風險比，所以經常用來代替風險比。

6.3 未修正勝算比和修正勝算比

以總評法分析表4.1的數據之後，得到的結果如下表：

◆表4.3　以總評法分析表4.1的數據之後得到的結果

	自變數		Logistic 迴歸式	勝算
①	只有「星期三或星期六或星期日」	→	$y = \frac{1}{1+e^{-(2.30x_1-1.61)}}$	$e^{2.30x_1-1.61}$
②	只有「最高氣溫」	→	$y = \frac{1}{1+e^{-(0.52x_2-13.44)}}$	$e^{0.52x_2-13.44}$
③	「星期三或星期六或星期日」和「最高氣溫」	→	$y = \frac{1}{1+e^{-(2.44x_1+0.54x_2-15.20)}}$	$e^{2.44x_1+0.54x_2-15.20}$

「e的『①的迴歸係數』次方」是 $e^{2.30}$ ，也就是：

$$\frac{\text{星期三或星期六或星期日的銷售率}}{\text{星期三或星期六或星期日以外的銷售率}}=\frac{e^{2.30\times1-1.61}}{e^{2.30\times0-1.61}}=e^{2.30\times1-1.61-(2.30\times0-1.61)}=e^{2.30}$$

這稱爲「星期三或星期六或星期日」的**未修正勝算比**。$e^{2.30}$=10，和上一頁的勝算比一致。

「e的『②的迴歸係數』次方」是 $e^{0.52}$ ，也就是：

$$\frac{\text{最高氣溫爲}(k+1)\text{°C 的勝算}}{\text{最高氣溫爲 }k\text{°C 的勝算}}=\frac{e^{0.52\times(k+1)-13.44}}{e^{0.52\times k-13.44}}=e^{0.52\times(k+1)-13.44-(0.52\times k-13.44)}=e^{0.52}$$

這稱爲「最高氣溫」的未修正勝算比。

「e的『③的迴歸係數』次方」是 $e^{2.44}$，也就是：

$$\frac{e^{2.44\times1+0.54\times k-15.20}}{e^{2.44\times0+0.54\times k-15.20}}=e^{2.44\times1+0.54\times k-15.20-(2.44\times0+0.54\times k-15.20)}=e^{2.44}$$

這稱爲「星期三或星期六或星期日」的**修正勝算比**。

「e的『③的迴歸係數』次方」是 $e^{0.54}$，也就是：

$$\frac{e^{2.44\times1+0.54\times(k+1)-15.20}}{e^{2.44\times1+0.54\times k-15.20}}=\frac{e^{2.44\times0+0.54\times(k+1)-15.20}}{e^{2.44\times0+0.54\times k-15.20}}=e^{0.54\times(k+1)-15.20-(0.54\times k-15.20)}=e^{0.54}$$

這稱爲「最高氣溫」的修正勝算比。

6.4 母群體勝算比檢定

有些說明Logistic迴歸分析的書籍，會提到「母群體勝算比檢定」。「母群體勝算比檢定」和176頁說明的「個別檢定迴歸係數」一樣，可是虛無假設和對立假設不同。「個別檢定迴歸係數」的假設如下：

虛無假設	$A_i=0$
對立假設	$A_i\neq0$

可是「母群體勝算比檢定」的假設如下：

虛無假說	$e^{A_i}=e^0=1$
對立假說	$e^{A_i}\neq e^0=1$

6.5 推測母群體勝算比

在醫療相關領域，通常會同時標註剛才所提「母群體勝算比檢定」的結果，以及母群體勝算比的信賴區間，在此說明如何求出母群體勝算比的信賴區間。以本章的範例來說，在信賴水準95%的情況下，可以按照下列方法計算「星期三或星期六或星期日」的母群體勝算比 e^{A_1} 的信賴區間。在信賴水準99%的情況下，下圖的「19.6」得改為「2.58」。

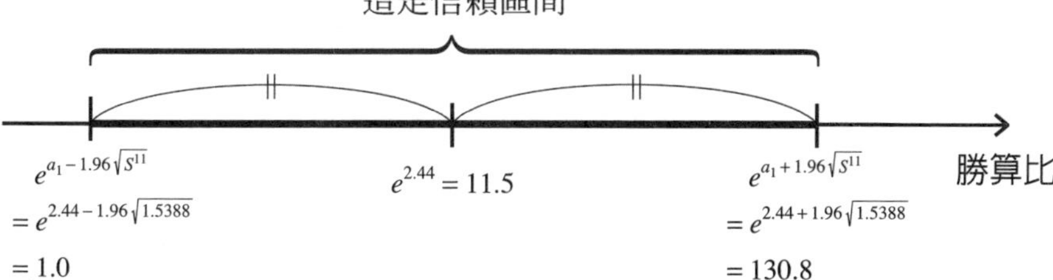

◆圖4.2　在信賴水準95%的情況下，「星期三或星期六或星期日」母群體勝算比 e^{A_1} 的信賴區間

※有關 a_1 的值，請參照 168 頁；有關 S^{11} 的值，請參照 177 頁。

✿ 7. 「檢定」的名稱 ✿

在「第2章迴歸分析」、「第3章複迴歸分析」、「第4章Logistic迴歸分析」談到下面幾種「檢定」：

- 迴歸係數檢定
- 偏迴歸係數檢定
- 整體檢定（偏）迴歸係數
- 個別檢定（偏）迴歸係數
- 母群體勝算比檢定

這些都是筆者自己想的名稱，不是一般的名稱，實際上也沒有一般的名稱。至於：

- 最大概似比檢定
- Wald檢定

則不是筆者自己想的名稱，而是一般的名稱。

✿ 8. 氣泡圖（Bubble Chart）✿

本節內容和Logistic迴歸分析無關，不過我想藉此機會稍作補充。

美羽在165頁畫散布圖時，特別注意不要讓點重疊在同樣的位置，有這麼細膩的心思固然很好。可是如果點更多，例如21個，甚至210個，一定會變成到處都是點、看也看不懂的散布圖。

有一種圖稱爲**氣泡圖**，以氣泡大小來表示點的個數。

下圖是和165頁圖表相對應的氣泡圖：

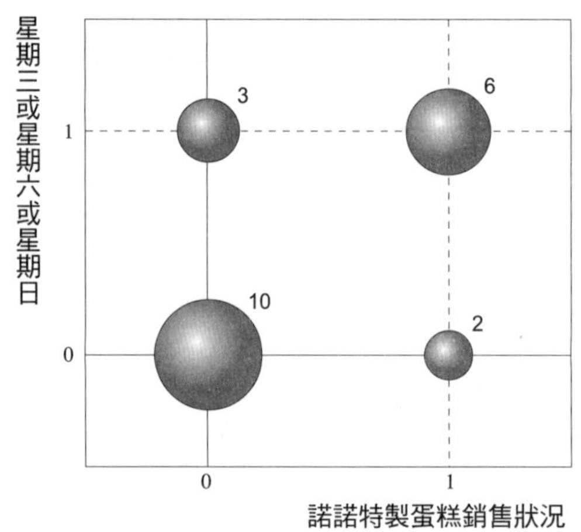

◆圖4.3　和165頁圖表相對應的氣泡圖

這麼一來一眼就能看出，在「星期三或星期六或星期日」，諾諾特製蛋糕銷路很好，可是在「星期三或星期六或星期日」之外的日子，蛋糕根本賣不掉。

◆ 附錄 ◆

利用 EXCEL 計算！

請至下列網址：http://shymau.pixnet.net/blog/post/11033354 下載 EXCEL 檔案。

接下來要說明下列項目：

1. 自然對數的底
2. 指數函數
3. 自然對數函數
4. 矩陣的乘法
5. 反矩陣
6. 卡方分布的橫軸座標
7. 卡方分布機率
8. F分布的橫軸座標
9. F分布機率
10. （複）迴歸分析的（偏）迴歸係數
11. Logistic迴歸式的迴歸係數

1. 自然對數的底

使用的數據爲本書19頁（收錄於表單「自然對數的底」）

選擇「B1」框格。

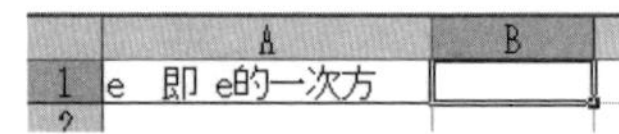

步驟2

從選單「插入」選擇「函數」。

步驟 3

從「或選取類別」選擇「數學與三角函數」，從「選取函數」選擇「EXP」。

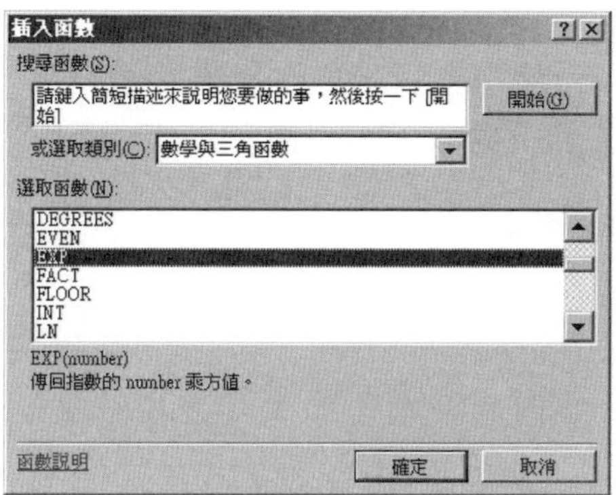

步驟 4

輸入「1」，按「確定」。

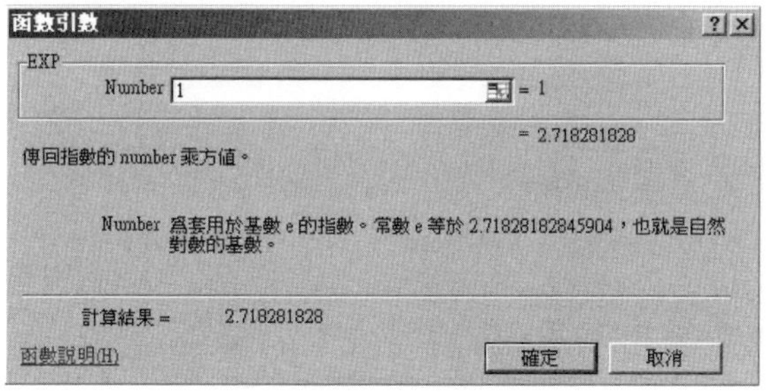

計算結束！！

	A	B
1	e 即 e的一次方	2.718282

2. 指數函數

使用的數據爲本書14頁（收錄於表單「指數函數」）

步驟 1

選擇「B1」的框格，就像在Word輸入一樣，輸入「=2^3」，按「Enter」。

	A	B
1	2的3次方	=2^3

步驟 2

計算結束！！

	A	B
1	2的3次方	8

3. 自然對數函數

使用的數據爲本書22頁（收錄於表單「自然對數函數」）

步驟 1

選擇「B1」框格。

	A	B
1	log(e的3次方	

步驟 2

從選單「插入」選擇「函數」。

步驟 3

從「或選取類別」選擇「數學與三角函數」，從「選取函數」選擇「LN」。

步驟 4

直接輸入「exp(3)」，按「確定」。

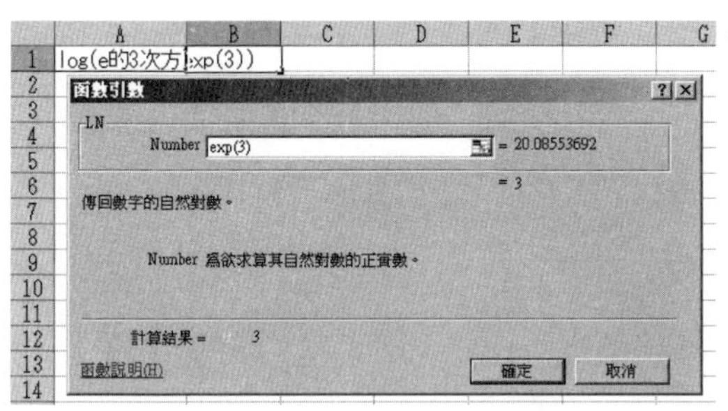

步驟 5

計算結束！！

	A	B
1	log(e的3次方	3

4. 矩陣的乘法

使用的數據爲本書41頁（收錄於表單「矩陣的乘法」）

步驟 1

選擇「G1」框格。

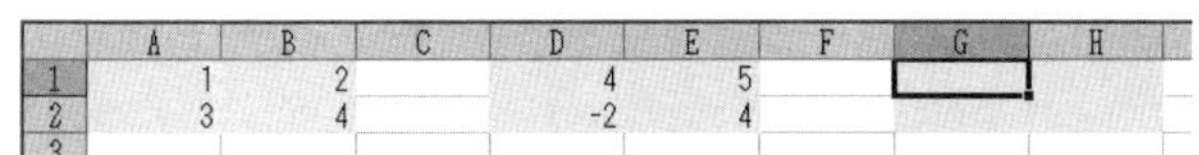

	A	B	C	D	E	F	G	H
1	1	2		4	5			
2	3	4		-2	4			

步驟 2

從選單「插入」選擇「函數」。

步驟 3

從「或選取類別」選擇「數學與三角函數」，從「選取函數」選擇「MMULT」。

步驟 4

選擇下圖的範圍，在Array 1欄中，框選從A1到B2，在Array 2欄中，框選從D1到E2，按「確定」。

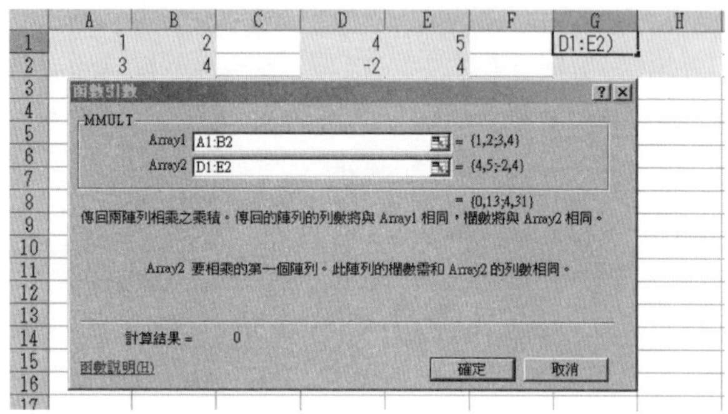

步驟 5

以「G1」爲起點，如下圖，框選「G1」到「H2」。

	A	B	C	D	E	F	G	H
1	1	2		4	5		0	
2	3	4		-2	4			

步驟 6

點選算式列的這個部分。

步驟 7

同時按住「Shift」和「Ctrl」，再按「Enter」。

步驟 8

計算結束！！

	A	B	C	D	E	F	G	H
1	1	2		4	5		0	13
2	3	4		-2	4		4	31

5. 反矩陣

使用的數據爲本書44頁（收錄於表單「反矩陣」）

步驟 1

選擇「D1」框格。

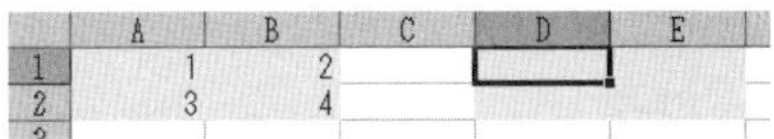

步驟 2

從選單「插入」選擇「函數」。

步驟 3

從「或選取類別」選擇「數學與三角函數」，從「選取函數」選擇「MINVERSE」。

步驟 4

選擇下圖的範圍，在Array欄中，框選從A1到B2，按「確定」。

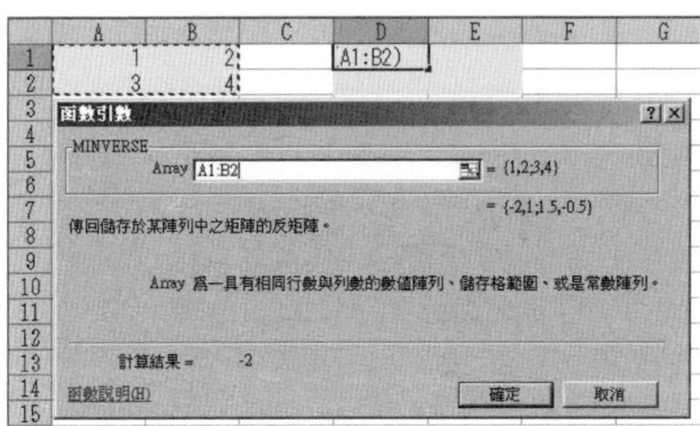

步驟 5

以「D1」爲起點，如下圖，框選「D1」到「E2」。

	A	B	C	D	E
1	1	2		-2	
2	3	4			

點選算式列的這個部分。

步驟 7

同時按住「Shift」和「Ctrl」，再按「Enter」。

計算結束！！

	A	B	C	D	E
1	1	2		-2	1
2	3	4		1.5	-0.5
3					

6. 卡方分布的橫軸座標

使用的數據爲本書51頁（收錄於表單「卡方分布的橫軸座標」）

選擇「B3」框格。

	A	B
1	機率	0.05
2	自由度	2
3	卡方	
4		

從選單「插入」選擇「函數」。

從「或選取類別」選擇「統計」，從「選取函數」選擇「CHIINV」。

步驟 4

在「Probability」欄中點選「B1」，在「Deg_freedom」欄中點選「B2」，按「確定」。

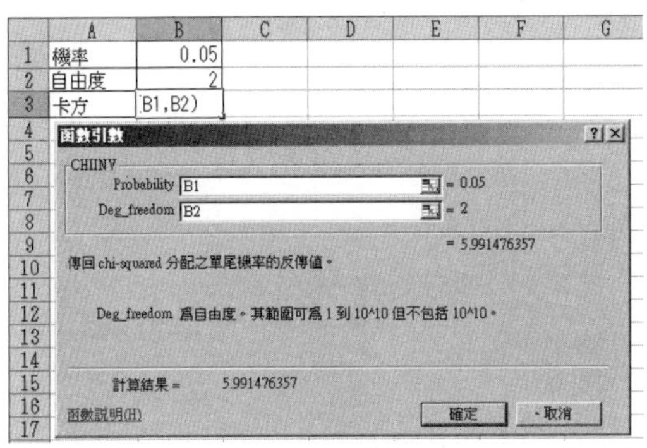

步驟 5

計算結束！！

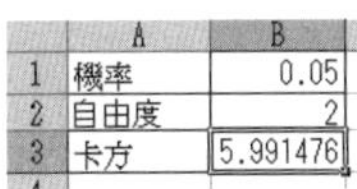

	A	B
1	機率	0.05
2	自由度	2
3	卡方	5.991476

7. 卡方分布機率

使用的數據為本書175頁（收錄於表單「卡方分布機率」）

步驟 1

選擇「B3」框格。

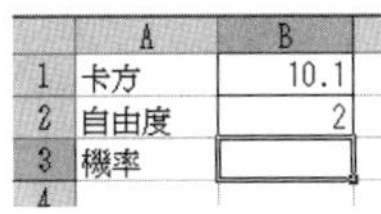

	A	B
1	卡方	10.1
2	自由度	2
3	機率	

步驟 2

從選單「插入」選擇「函數」。

從「或選取類別」選擇「統計」，從「選取函數」選擇「CHIDIST」。

步驟4

在X欄中點選「B1」，在「Deg_freedom」欄中點選「B2」，按「確定」。

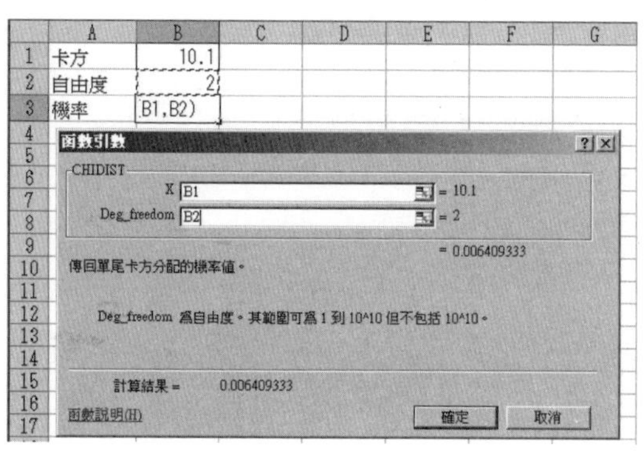

	A	B	C	D	E	F	G
1	卡方	10.1					
2	自由度	2					
3	機率	B1,B2)					

步驟5

計算結束！！

	A	B
1	卡方	10.1
2	自由度	2
3	機率	0.006409

8. F分布的橫軸座標

使用的數據爲本書54頁（收錄於表單「F分布的橫軸座標」）

選擇「B4」框格。

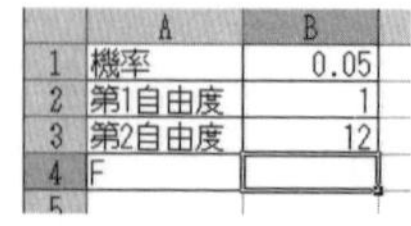

	A	B
1	機率	0.05
2	第1自由度	1
3	第2自由度	12
4	F	

步驟2

從選單「插入」選擇「函數」。

步驟3

從「或選取類別」選擇「統計」，從「選取函數」選擇「FINV」。

步驟4

在「Probability」欄中點選「B1」，在「Deg_freedom1」欄中點選「B2」，在「Deg_freedom2」欄中點選「B3」，按「確定」。

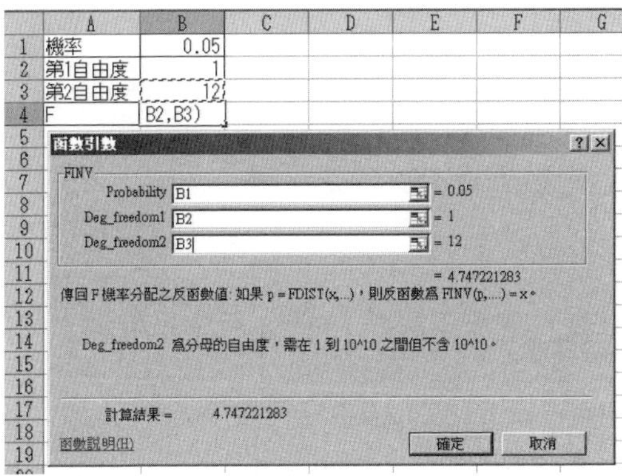

步驟5

計算結束！！

	A	B
1	機率	0.05
2	第1自由度	1
3	第2自由度	12
4	F	4.747221

9. F分布機率

使用的數據爲本書84頁（收錄於表單「F分布機率」）

步驟1

選擇「B4」框格。

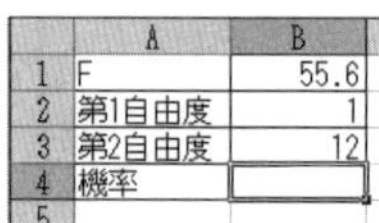

步驟2

從選單「插入」選擇「函數」。

步驟3

從「或選取類別」選擇「統計」，從「選取函數」選擇「FDIST」。

步驟4

在X欄中點選「B1」，在「Deg_freedom1」欄中點選「B2」，在「Deg_freedom2」欄中點選「B3」，按「確定」。

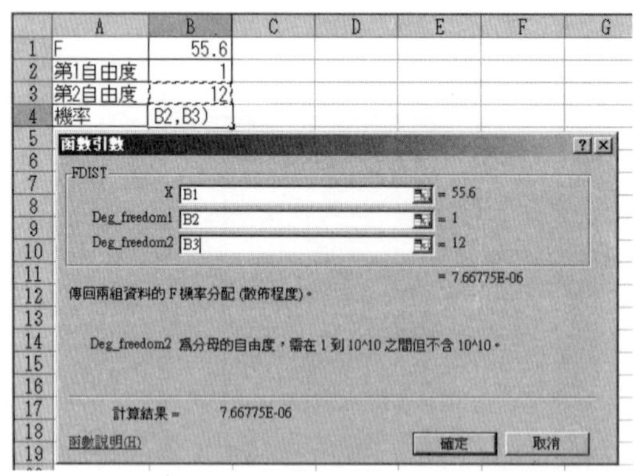

計算結束！！

	A	B
1	F	55.6
2	第1自由度	1
3	第2自由度	12
4	機率	7.67E-06
5		

「7.67E-06」是EXCEL的數字格式，實際上是「7.67×10^{-6}」。

10.（複）迴歸分析的（偏）迴歸係數

使用的數據爲本書107頁（收錄於表單「（複）迴歸分析的（偏）迴歸係數」）

步驟1

選擇「G2」框格。

	A	B	C	D	E	F	G	H	I
1		店面面積（坪）	與車站的距離（公尺）	單月銷售量（萬日圓）			與車站的距離（公尺）	店面面積（坪）	（常數項）
2	夢之丘本店	10	80	469		偏回歸係數			
3	寺井站大樓店	8	0	366					
4	曾根店	8	200	371					
5	橋本街店	5	200	208					
6	桔梗町店	7	300	246					
7	郵局對街店	8	230	297					
8	水道町站前店	7	40	363					
9	六条站大樓店	9	0	436					
10	若葉川河堤店	6	330	198					
11	美里店	9	180	364					
12									

步驟2

從選單「插入」選擇「函數」。

步驟3

從「或選取類別」選擇「統計」，從「選取函數」選擇「LINEST」。

步驟 4

在「Known_y's」欄中，框選從D2到D11，在「Known_x's」欄中，框選從B2到C11，按「確定」。「Const」和「Stats」欄中，不必輸入數據。

步驟 5

以「G2」爲起點，如下圖，選擇「G2」到「I2」。

F	G	H	I
	與車站的距離（公尺）	店面面積（坪）	（常數項）
偏回歸係數	-0.34		

步驟 6

點選算式列的這個部分。

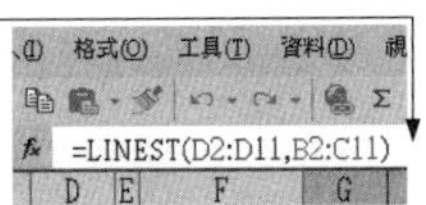

步驟 7

同時按「Shift」和「Ctrl」，再按「Enter」。

步驟 8

計算結束！！

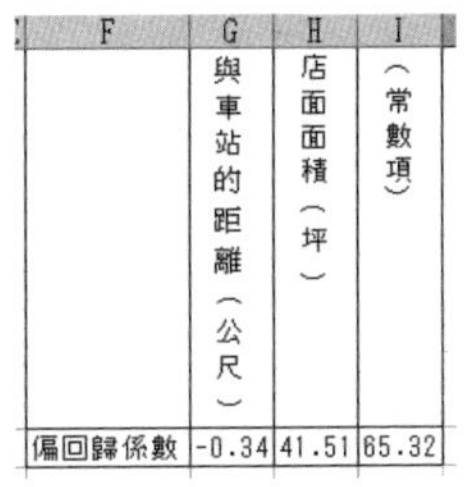

F	G	H	I
	與車站的距離（公尺）	店面面積（坪）	（常數項）
偏回歸係數	-0.34	41.51	65.32

「LINEST」會從左到右依序求得（偏）迴歸係數 a_p、… a_2、a_1、b。

11. Logistic迴歸式的迴歸係數

使用的數據爲本書 162頁（收錄於表單「Logistic迴歸式」）

EXCEL並沒有函數可以求Logistic迴歸式的迴歸係數。本節將介紹如何以EXCEL的「規劃求解」來 求迴歸係數。

必須先按照下列步驟，才能使用規劃求解：

①從選單「工具」選擇「增益集」。

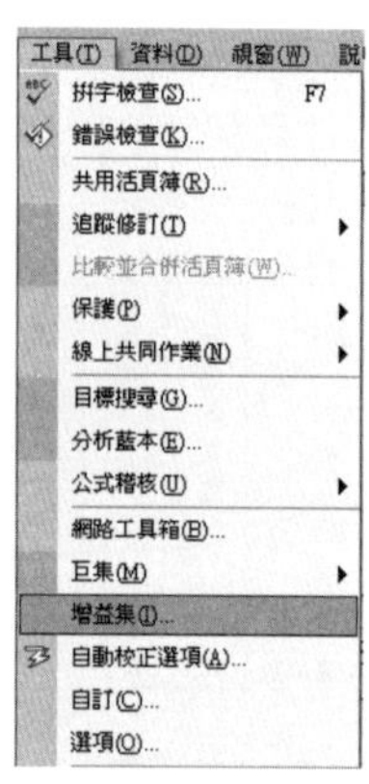

②選擇「規劃求解」，按「確定」。

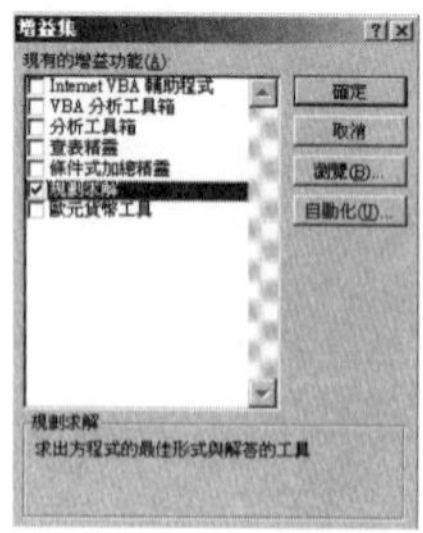

③如果出現訊息，顯示「需要EXCEL的安裝光碟」，請按照指示處理。

表單「Logistic迴歸式」有很多EXCEL函數可以用來求迴歸係數。大家想求本節範例以外的Logistic迴歸式的迴歸係數時，當然得自己輸入EXCEL函數。請確認每個框格內的函數。

步驟1

選擇「L3」框格。

	A	B	C	D	E	F	G	H	I	J	K	L
1			星期三或星期六或星期天	最高氣溫	諾諾特製蛋糕銷售狀況		預測值		（最大概似函數計算過程）			
2	5日	(一)	0	28	1		0.50		0.50		最大概似函數	4.77E-07
3	6日	(二)	0	24	0		0.50		0.50		對數最大概似函數	-14.5561
4	7日	(三)	1	26	0		0.50		0.50			
5	8日	(四)	0	24	0		0.50		0.50		a1	
6	9日	(五)	0	23	0		0.50		0.50		a2	
7	10日	(六)	1	28	1		0.50		0.50		b	
8	11日	(日)	1	24	0		0.50		0.50			
9	12日	(一)	0	26	1		0.50		0.50		應變數的值等於「1」的個體的個數	8
10	13日	(二)	0	25	0		0.50		0.50		應變數的值等於「0」的個體的個數	13
11	14日	(三)	1	28	1		0.50		0.50		判定係數	-0.04307
12	15日	(四)	0	21	0		0.50		0.50			

從選單「工具」選擇「規劃求解」。

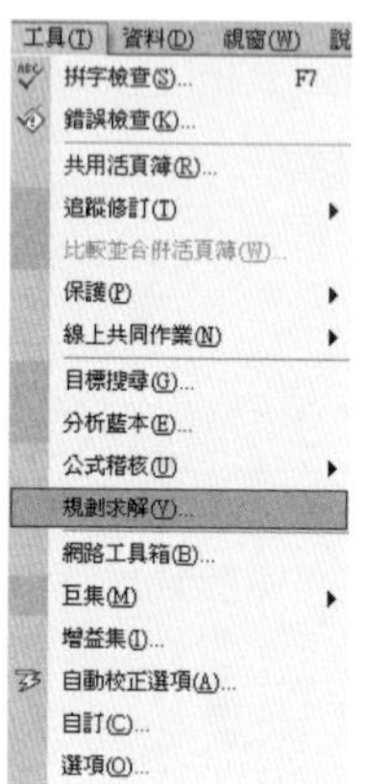

步驟 3

按照下圖，在「設定目標儲存格」點選L3，在「變數儲存格」欄中，框選從L5到L7，點選「求解」。

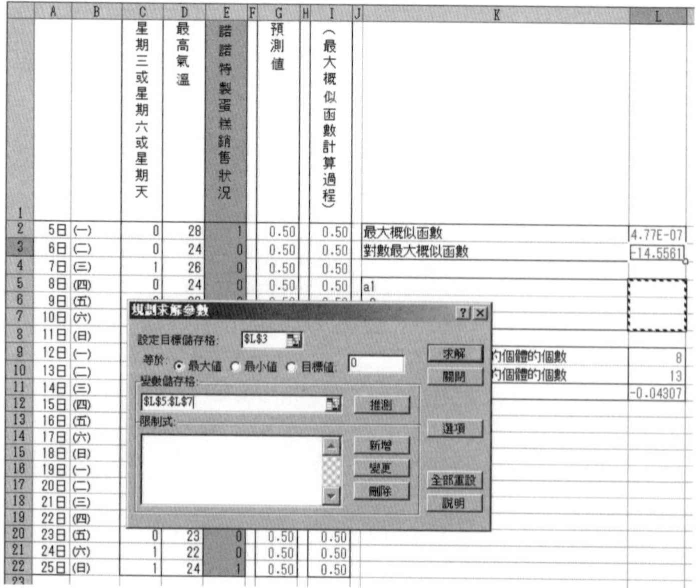

按「確定」。

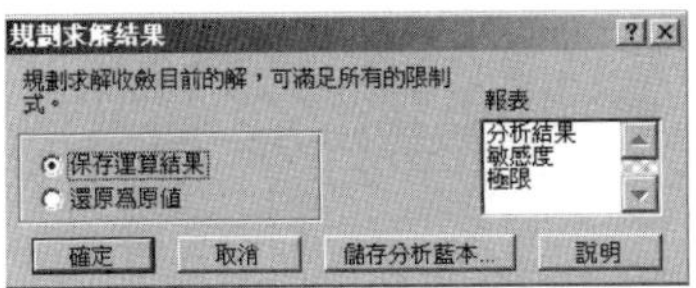

步驟5

計算結束！！

	A	B	C	D	E	F	G	H	I	J	K	L
1			星期三或星期六或星期天	最高氣溫	諾諾特製蛋糕銷售狀況		預測值		（最大概似函數計算過程）			
2	5日	(一)	0	28	1		0.51		0.51		最大概似函數	0.000136
3	6日	(二)	0	24	0		0.11		0.89		對數最大概似函數	-8.90105
4	7日	(三)	1	26	0		0.80		0.20			
5	8日	(四)	0	24	0		0.11		0.89		a1	2.442654
6	9日	(五)	0	23	0		0.06		0.94		a2	0.544511
7	10日	(六)	1	28	1		0.92		0.92		b	-15.2036
8	11日	(日)	1	24	0		0.58		0.42			
9	12日	(一)	0	26	1		0.26		0.26		應變數的值等於「1」的個體的個數	8
10	13日	(二)	0	25	0		0.17		0.83		應變數的值等於「0」的個體的個數	13
11	14日	(三)	1	28	1		0.92		0.92		判定係數	0.362165
12	15日	(四)	0	21	0		0.02		0.98			

如109頁所說，我們可以用最小平方法求複迴歸式的偏迴歸係數。在「Data-Kaiki.xls」有表單「規劃求解」的功能，可以求第三章例題的偏迴歸係數。為了習慣規劃求解，體會最小平方法的過程，請大家親自試試看。

✿ 複迴歸分析的預測區間 ✿

求複迴歸分析預測區間的方法如下，以下同時列出計算131頁伊勢橋店預測區間的步驟。

步驟 1

求 $\begin{pmatrix} S_{11} & S_{12} & \cdots & S_{1p} \\ S_{21} & S_{22} & \cdots & S_{2p} \\ \vdots & \vdots & \ddots & \vdots \\ S_{p1} & S_{p2} & \cdots & S_{pp} \end{pmatrix}$ 的反矩陣 $\begin{pmatrix} S_{11} & S_{12} & \cdots & S_{1p} \\ S_{21} & S_{22} & \cdots & S_{2p} \\ \vdots & \vdots & \ddots & \vdots \\ S_{p1} & S_{p2} & \cdots & S_{pp} \end{pmatrix}^{-1} = \begin{pmatrix} S^{11} & S^{12} & \cdots & S^{1p} \\ S^{21} & S^{22} & \cdots & S^{2p} \\ \vdots & \vdots & \ddots & \vdots \\ S^{p1} & S^{p2} & \cdots & S^{pp} \end{pmatrix}$

$$\begin{pmatrix} S_{11} & S_{12} \\ S_{21} & S_{22} \end{pmatrix}^{-1} = \begin{pmatrix} S^{11} & S^{12} \\ S^{21} & S^{22} \end{pmatrix} = \begin{pmatrix} 20.1 & -792 \\ -792 & 128840 \end{pmatrix}^{-1} = \begin{pmatrix} 0.0657 & 0.0004 \\ 0.0004 & 0.00001 \end{pmatrix}$$

步驟 2

求馬氏距離的平方

$$\begin{aligned} D^2 = \{ & (x_1-\bar{x}_1)(x_1-\bar{x}_1)S^{11} + (x_1-\bar{x}_1)(x_2-\bar{x}_2)S^{12} + \cdots + (x_1-\bar{x}_1)(x_p-\bar{x}_p)S^{1p} \\ & + (x_2-\bar{x}_2)(x_1-\bar{x}_1)S^{21} + (x_2-\bar{x}_2)(x_2-\bar{x}_2)S^{22} + \cdots + (x_2-\bar{x}_2)(x_p-\bar{x}_p)S^{2p} \\ & \vdots \\ & + (x_p-\bar{x}_p)(x_1-\bar{x}_1)S^{p1} + (x_p-\bar{x}_p)(x_2-\bar{x}_2)S^{p2} + \cdots + (x_p-\bar{x}_p)(x_p-\bar{x}_p)S^{pp} \}(\text{個體的個數}-1) \end{aligned}$$

$$\begin{aligned} D^2 &= \{(x_1-\bar{x}_1)(x_1-\bar{x}_1)S^{11} + (x_1-\bar{x}_1)(x_2-\bar{x}_2)S^{12} \\ &\quad + (x_2-\bar{x}_2)(x_1-\bar{x}_1)S^{21} + (x_2-\bar{x}_2)(x_2-\bar{x}_2)S^{22}\}(\text{數據的個數}-1) \\ &= \{(10-7.7)(10-7.7)\times 0.0657 + (10-7.7)(110-156)\times 0.0004 \\ &\quad + (110-156)(10-7.7)\times 0.0004 + (110-156)(110-156)\times 0.00001\}(10-1) \\ &= 2.6 \end{aligned}$$

求預測區間。

$$a_1x_1 + a_2x_2 + \cdots + a_px_p + b \pm \sqrt{F(1,\ 個體的個數 - 自變數個數 - 1; 0.05) \times \left(1 + \frac{1}{個體的個數} + \frac{D^2}{個體的個數 - 1}\right) \times \frac{S_e}{個體的個數 - 自變數個數 - 1}}$$

$$a_1 \times 10 + a_2 \times 110 + b \pm \sqrt{F(1, 10 - 2 - 1; 0.05) \times \left(1 + \frac{1}{10} + \frac{2.6}{10 - 1}\right) \times \frac{4173.0}{10 - 2 - 1}} = 443.0 \pm 68$$

因為數字經過四捨五入，所以有點誤差。店面面積為10坪、離車站110公尺店鋪的單月銷售量不是130頁的447.3，而是443.0。

信賴水準為99%時，
只是把 $F(1,$ 個體的個數 $-$ 自變數個數 $- 1; 0.05) = F(1, 10-2-1; 0.05) = 5.6$ 的部分，改爲 $F(1,$ 個體的個數 $-$ 自變數個數 $- 1; 0.01) = F(1, 10-2-1; 0.01)^2 = 12.2$。

索　引

十一畫

十二畫

十三畫

十四畫

十五畫

十六畫

十七畫

十九畫

二十三畫

一份諾諾特製
蛋糕……
啊？
真的要買？
呵
呵

國家圖書館出版品預行編目資料

世界第一簡單統計學迴歸分析篇 / 高橋信著；
陳昭蓉譯. -- 初版. -- 新北市新店區 ：世茂,
2010.09
面； 公分. --（科學視界；104）

ISBN 978-986-6363-70-2（平裝）

1. 統計分析 2. 迴歸分析 3. 漫畫

511.7 99013866

科學視界 104

世界第一簡單統計學迴歸分析篇

作　　者／高橋信
譯　　者／陳昭蓉
審　　訂／洪萬生
主　　編／簡玉芬
責任編輯／林雅玲
特約編輯／戴嘉宏
製　　作／Trend Pro
作　　畫／井上Iroha
出 版 者／世茂出版有限公司
負 責 人／簡泰雄
地　　址／(231)新北市新店區民生路19號5樓
電　　話／(02)2218-3277
傳　　真／(02)2218-3239（訂書專線）、(02)2218-7539
劃撥帳號／19911841
戶　　名／世茂出版有限公司
單次郵購總金額未滿500元（含），請加50元掛號費
酷 書 網／www.coolbooks.com.tw
排版製版／辰皓國際出版製作有限公司
印　　刷／世和彩色印刷公司
初版一刷／2010年9月
六刷／2019年9月

ＩＳＢＮ／978-986-6363-70-2
定　　價／280元

Original Japanese edition
Manga de Wakaru Toukeigaku [Kaiki Bunseki Hen]
By Shin Takahashi and Kabushiki Kaisha TREND・PRO